AF408744

أحوال للروح

مجموعة قصصية

محمد عطية محمود

أحوال للروح

مجموعة قصصية

إصدارات دائرة الثقافة، حكومة الشارقة 2022م

الناشر: دائرة الثقافة ـ حكومة الشارقة ـ الإمارات العربية المتحدة

الهاتف: 5123333 6 971+

البرّاق: 5123303 6 971+

الموقع الإليكتروني: www.sdc.gov.ae

البريد الإليكتروني: sdc@sdc.gov.ae

تصميم الغلاف: منال السويدي

813.01

م م. ا   محمود، محمد عطية

أحوال للروح / محمد عطية محمود.ـالشارقة، الإمارات العربية المتحدة : دائرة الثقافة، 2022.

98 ص؛ 21X14 سم.

1. القصص العربية القصيرة ـ مصر

أ. العنوان

ISBN: 978-9948-826-03-3

الإهداء

إلى تلك الروح العجيبة التي تتشكل وتُبعثُ في الكتابة
لتجعل منها لوناً ورائحة ومذاقاً فريداً يستعصي
على المحو والنسيان

فـــرار

تلتقيان دوماً عند محطات الترقب والسفر..

تضع حقائبها.. ترفع حقائبَك، مشمّراً عن ساعديك، تستجمع أنفاسك من جُبّ تنهداتك..

تلوِّح لك.. تلوّح لها.. ترى على مدى نظراتها المرشوقة في فضاء عينيك، أشواقاً متبتّلة، وحضوراً بالغاً للرغبة في العناق الطويل، وكلماتٍ بليغةً لم تَبُح بها.

تضع حقائبك.. تستعيد أنفاسك اللاهثة، تلتقطها من بين حبّات العرق المنسال على جبين قلبك، وجبهتك النافرة من وعثاء سفر قائم، وترحال مقيم.

ترفع حقائبها الصباحية، مبلَّلة بأشواق الوردة المنطلقة تنتظر الندى، يعانقها، يتقاطر على قلبها المشغوف للفحات هواء طلق صافٍ، يميط اللثام عن توق حميم لسماع وشوشات فجر، يفجّر طاقات الشعور المكبوتة.

تهدر أمواج بحرك الصاخبة.. تجرجر انفعالات الأرق المتمترس

على بوابات ترحالك المتجدد، وارتطام حواسك المشتعلة بصخر الأرض القاسي، وتستنيم عيناك مغالباً هبّات نسيم التلاقي الذي لا يقر ولا يستقر، ولا يقر به جفن.

تسافر عيناها حالمة بأفقٍ لم يستو خطُّه الآزوري على مدى، تظل تستبيحه أوجاع الأيام الهاربة منها بلا لون يحدد مسارات الطريق، ولا طعم تستسيغ به مذاق العمر المارق بلا هوادة.

تستقر عيناك تائقة، على مخدع تروم فيه انبلاج ظلمة درب، قد طال بقاؤها في فضاء الروح البهيم، وتشتاق ذراعاك لضم أطراف كيان يشتدُّ أُوار فراره من بين يديك المعروقتين دوماً بأرق الدهر، وتقلبات الهوى السافر ما بين إقلاع ووصول.

ويجمعكما دوما رصيف الشوق، المتلهّف للتلاقي، ليستقر قطار ويبحر قارب، ثم يعاودان تبادل الأدوار، ليفلتا من بين أناملكما، كما يتفلت الماء من بين الصخور، مندفعاً صاخباً، يرتدُّ صداه في خواء محطات الترقب و....

(نُشرت بالمجلة العربية السعودية (مجموعة عيون بيضاء)
الهيئة المصرية العامة للكتاب 2016)

هِيَ

تنسالُ من عينيها السوداوين براءةُ لحظةٍ دافئةٍ.. منطلقةٍ.. نزقةٍ.. منفلتةٍ من زحام شارعٍ عاجٍّ بالسائرين والهاتفين.. تنعكسُ بقايا أشعة شمسٍ هاربةٍ للأَصيلِ، على خدّها الخمْري بلون العسلِ المُصفّى، المائلِ إلى سمرةٍ رائقة.. تتواطأ مع نظراتها المغسولة بوضح نهارٍ، يفسحُ لسوادِ عينيها طريقا تخترقه بداخلي.. تمهده عربدةُ طفولةٍ أنثويةٍ شفافة، فيما تتعلق يداها برقبة إحداهن، التي ترافقها بحزمٍ أموميّ مُلتزم.

ظلّتْ تتقافزُ على الرصيفِ.. تشاغبُ بنظراتها المتطلعةِ في اللامحدود.. تقطُرُ من شفتيها كلماتٌ كالتي في الحلم الذي راودتني فيه مراراً ملامحُها، وتجسّدت في يقيني جزءاً من تاريخي المقترن بأنثى مكتملة النضوج.

تجمدت خطواتي.. هتفتْ فيَّ أعماقي: .... هِيَ...!!

في المقهى.. دوماً ترافقني قطةٌ فارهةٌ، مُرَقَّطٌ جسدُها -في نعومةٍ- بعدد قليل من بقع سوداء، كعيونٍ منبثقةٍ من بياض، تطلُّ عليَّ طوال جلستي وحيداً، وتحوِّطني.. تستكينُ إلى جواري، لا تستفيق من توحدها

بالكرسي الشاغر دوماً إلى جانبي، أو على المنضدة الرخامية، لا يزعجها صمتي الجاثم، ولا همهماتي حال تصفحي لكتبي أو مجلاتي، أو شخبطات تدوين خواطري المقتحمة على قصاصات أوراقي، ولا رنين هاتفي المحمول، الذي غالباً ما تباغتني رسائله برنين وصولها الزاعق، القاطع لصمتي، برغم صخب المكان؛ فيحل صمتي بها، ويحل هدوؤها بي، حتى يجيء صديق؛ فتغادر مكانها، وتظل تراقبني عيناها من ركن مقابل لي بالمقهى.

بالأمس، لم تكن، وكنت أعالج جوعي بشطيرةٍ ساخنةٍ.. لما أهلّت، قفزتْ متحفزةً على الكرسي الشاغر.. اشرأبت بعنقها نحوي، على غير اعتياد؛ فقطّعت لها قطعاً صغيرةً مما بيدي، أناولها لها الواحدة تلو الأخرى.. سقطت الأخيرة منها على الأرض؛ فهممت أن ألتقطها.. في طريق عودتي بها، امتد مِخلَبُها فجأة يروم خمش يدى!!

أخبرتني إحدى العارفات ـ فيما بعد ـ بغنجٍ وحسٍ أنثوي مراوغ:

ـ ربما كان دلالُ الأنثى، حينما تتطلّع منك للمزيد...!!

اصطدمت بي خطوات العابرين؛ فتحركت خطواتي للأمام، متلعثمة، كَسْلى؛ لأغادر المشهد، الذي لم يبرح مُخَيِّلتي؛ فتلكأت جانباً، استدرتُ تحاول عيناي ارتشاف المزيد من ملامحها؛ فحُجبتْ عنِّي تماماً.

ترددت خطواتي لحظة، قبل أن أعود للخلف مرة أخرى، لأتعلق في أهداب المشهد، لكنني غالبت ترددي عائداً، مصطدماً بالخطوات، تحاول عيناي المأخوذتان التمسح في واجهات عرض المحلات، لأجدها قد ذابت في زحام العابرين.

حينما تيقنت من غياب المشهد عني تماماً، عبرتُ الشارعَ مأخوذاً، نحو ناصية يحتلها كشكٌ للجرائد، لتباغتني ملامحُها، مرةً أخرى، بذات البهاء، على غلاف إحدى المجلات، تتوسط الصورة، حاملة قطتها الفارهة، بين طفلتين تحفهما البراءة، وتزركش وجهيهما الألوان.. يستظلون بمظلة شتوية خضراء؛ لتتجمد نظراتي، وتهتفُ فيّ أعماقي، مرةً أخرى: هيَ...!!!

ألوان الغياب

أرْخت شعرها ليسترسل على جانبي جيدها العاري.. تُلامس أطرافه أعلى صدرها نصف المكشوف.. تتحسسه بشعور مراوغ.. يغتال اللحظة.. اهتزت ملامحها في المرآة.. ارتعشت في عينيها الخيوط البيض السارحة بطول شعرها.. اضطربت.. اختلطت بسواده.. عصفت بعينيها، غامتا.. همدت، تحاول استرداد روحها..

باسماً كان وجهها حين كانت تستل مشط الصبغ، في كل مرة، تعالج فيها الأبيض بالأسود الفاحم الذي ما يلبث أن تكتنفه حُمرة كحُمرة الحنَّاء، فتتألق العينان ببريق جاذب يشق الصدر، يشعل فيه حبورا يكتنفها.. يطلق أشواقها في عناق حار.

استحضرت رسائله، التي كانت تشتهيها، من غيره، وهي تنطرح أمامها لغيرها، فتقرأها مقهورة.. عبثت بها أوراقه، حروفه الملتهبة، المكتوبة بمداده المرتعش - أسود بلون الشعر الهارب، القابع في الذاكرة، التي تأبى النسيان - على مساحات الورق الأبيض الخالص.. تعانق بصوته صفحة جيدها.. تدغدغها.. توقظ فيها الكامن؛ فتتحرر من وطأة شبح الأبيض المختلط بالأسود الغارب؛ ليصنع مزيجاً

رماديّاً كان يلوّن مشاعرها.. يحيِّدها.. يجعلها تُسقط أقنعة الرضى عن وجهها المائل إلى النحاسي المطفأ البريق، الذي طالما أنعشته البسمة والضحكة المغلفة بخفة ووميض.. تنهل من طوفان المشاعر المراقة بنزق.

حين ألقت رأسها على صدره، لدى لقائهما الاستثنائي الأول على أرض اهتزت تحت أقدامهما، عصفت فيها رياح النشوة بكل ما عداها.. استنامت يداها في حضن يديه اللتين طوقتا خصرها الذي مازال لدنا طموحاً.. أمدَّته بخدر لم تعهده منذ فترة ضنَّت عليها فيها الحياة بمثله.

استكانت فيه كقطة وديعة فارقت شراستها، تمردها، شغبها القاتل؛ لتستحيل كل الألوان إلى الوردي الغارق في رائحة كريم الصبَّار، الذي ملأ مسام وجهها ونقَّاه، وفاح عبيره ليغلف شعرها المصبوغ بلون العشق، واسترسل بغجريته وعنفوانه ليحوّط رقبته.. يغرقه.. يحتويه، ويغيبان عن العالم.

استلم المشط مرتعشاً، منبت الشعر.. فاجأتها حزمه البياض المستفحلة بغزارة تقبض الصدر، لترتد عن المرآة لنصف خطوة، ثم تعود.. تكاد تلتصق بها بكامل وجهها.. يتحول لون سائل الصبغ في عينيها إلى اللون الرمادي؛ فتهبط يدها بالمشط مخذولة، ويرتج صدرها بصعود وهبوط، وزفرة حادة ترتد بداخلها فيزداد الهمود.

حين اغتصبا لقاءهما الثاني، من براثن الوقت، وفي وهج الشمس، سقط منها عفواً قناعٌ كان يغلِّف الوجه.. تلاشت رائحة كريم الصبَّار.. توارى الشعر خلف إيشارب يحجبه تماماً.. يغيِّر ملامح الوجه..

يعصف بالنظرة المتألقة، فيخبو ألق اللحظة، وتزداد المسافات الفاصلة بين الجسدين.

كان الأسود يتجلى في سواد عينيها نصفَ مُشِعّ، وكان الرمادي يحتل جُل ملابسها، ويلوّن المقاعد الوثيرة بملمسها القطيفي الناعم، بينما توارت دقات قلبه خلف غلالة قميص أبيض، تلوَّن بلون مشاعره ـ التي تعرفها جيدا ـ لكنه لم يخف نظرة تساؤل حادة انبثقت من عينيه، ورأتها في مرآته، فلوَّنت عينيها بلون رمادي محايد، استنفر كلماته التي بدت هادئة، واحتوت يده مقدمة شعره ـ الزاحف إلى الوراء ـ تلتمع فيها خصلات بيضاء تزينه.

لحظاتٍ وآثرَ مغادرة المكان، ليمضيا بحذاء سور ممتد على الرصيف المقابل في مواجهة البحر، الذي اعتلى زبد أمواجه الأبيض الناصع سور الكورنيش الحجري، برغم ارتفاع حرارة الجو.. تشتبك يسراه بيمناها، ويلتمس ذراعه الالتصاق بذراعها المتباعد.

استجمعَتْ زمامَ مشاعرها.. وثبتت نظرتها محدِّقة في فضاء المرآة من حول وجهها.. مسحت غبش المرآة على عجل، وانتزعت مُشْطَ الصّبغ.. غمسته.. راحت تعالج الأبيض والأسود على عجل..

قبل لقائهما الأخير ـالذي لم يتمـ تمكَّن لون الصبغة الأسود الفاحش من شعرها؛ فتألق مسترسلاً على كتفين اختفيا تحت سترتها السوداء، ولون بشرتها التي مالت إلى الفاتح من النحاسي الرائق.. بينما اكتست ملامحها بألق مغاير.

غُبَارُ الرّوح

تشعلين مصباحك الخافت في (كوَّته)، فيما بين سقف حجرتك وجدارها، فوق صورتك القديمة بشعرك المنسدل طليقاً خلف كتفيكِ وعلى جانبي جبينك، ومحياكِ الباسم في خفوتٍ صبياني يحمل ثقلاً خفيّاً، ونظرة عينين وجلتين إلى مجهول.

بين الأبيض والأسود ترضخ الصورة في ظل مصفرٍّ باهت، يمتص ما سمح به الضوء الشحيح؛ فيزداد شحوبُه وغُمقتَه، وأنتِ تُشرفين على رؤوس أشباهٍ لكِ، بالدم، يصغرونك.. يتراوحون بين الطول والقصر، وملامح شغب عتيٍّ، ومسالم، تتشكَّل في وجوههم الدَّهشَة.. ربما تميزْتِ أو اختلفْتِ عنهم ببشرتِك السمراء النحاسية المطفأة، والمستسلمة في آنٍ.. صِغاراً كنتم، أغراراً، لم تجمعكم إلا تلك الصورة الباهتة، القادمة من أغوار السنين.

تمتدُّ يدكِ في فضائكِ.. تتحسَّسُ مِنْفضةَ سجائرك العاجيَّة، ببقع حروقها المتناثرة على حوافِّها، بعضُها غائرٌ موغلٌ في لُحمتها، وبعضها سطحيٌّ باهتٌ فيما بين الأصفر والبُنّيّ، وقاعُها مسودٌّ معتم من أثر الطفي.

تُراكِ تتنفضين فيها رمادَ لُفافاتك المتوترة؟!!.. أم تهيلين فيها غباراً متطايراً من أفكارٍ مشوّشةٍ أو ندوبٍ تجتاح الروح؟!!.. أم تغمدين فيها ذاك الجسد المتألم في فضاء معتم يمتصّ رحيقه، أو ربما يمتص حياة الروح فيه؟!!

تزوغ عيناكِ في الصورة.. تُرى هل هُما عيناكِ ما زالتا؟.. أم هما آثار لعيون منسية تركتِها هناك في منفاكِ الأول البعيد؟!!

ربما تجتاحك الآن رغبةٌ في التماوج، الانسلاخ، والارتداد إلى عصا مِكنستك القديمة، وأنتِ تكنسين غبار أيامك المنسيّة هناك.. تُرى هل تصلُح مكنستك الكهربائية الحديثة، المعتصمة أمامك بركن الحجرة، لِكَنْس ما تكدّس من تراكمات غبار سنينك الجديدة، أم أنها صارت جزءاً محبطاً من منفى بعيد اختزلك هنا؟!!

يفاجئك صوته، ترنيماته في أذنيك، التي اخترقت غربة جسدك وروحك، في مساحة انفلتت من زمنك، باغتت روحك، زلزلتها، أيقظتها من وهدة وحشة سجنتها في جسد قديم، هو جسدك المترع بشقاء الأيام وعناد الرياح من حولك.

هل تُوحِشك الآن صورته، ملامحه، أم أنها صارت طيفاً معانداً يناوش رياحك، فتحيلها بنزقك نُثار روح تنسحق لتصير غباراً يتراكم على أرضك، من السهل أنْ تمتصه مكنستك الجديدة، فيهدأ الصوت ولا تسمعين أنينه الخافت، وسط ضجيج طقوس أيامك ـبعيداً عنهـ في أذنيك.

يعود لِيَهُزّك صليل قلبه المعدني، تميمته التي أودعها بين يديكِ، وأنتِ تطئين بأقدام روحك قبل جسدك، أرض منفاكِ القديم ـالذي

صار منفاه الجديد- فتهرعين إلى خزانة أشيائك؛ ينزلق شاله الحريري المضمّخ برائحة عرقه -الذي طوّق به رقبتك- تحت قدميك ويلتف حولهما.. يتمسح الآن في ساقيك، بينما تغيبُ بين طيَّات ملابسك وشوشاتُ ضلوعه إليكِ ورسائلُ بوحه وحنينه، وخاتمه الذهبي المختبئ بخزانة أسرارك، ممهورا باسمه.

تُرى هل صار قلبه حديداً بالفعل؟ أم أن قسوة أيامك قد مسّته وجففت أنهار حنينه إليكِ؟!! وهل ما زلتِ تتوقين إلى ملامسة شاله، ضمّه إلى صدرك، لفّه حول كتفيك وصفحة عنقك، والاستغراق في رائحة عرقه وبقايا عطره، والتلذذ بمخارج حروف اسمه التي تنطلق من جوف حنينك إلى شفتيك، اللتين كانتا مبللتين بندى عشقه، وتوحّدك بك وانصهارك.

تقسو عليكِ نظرة شقيقتك، المطلة من الصورة، بملامحها التي مازالت تميل نحو الصفرة، تعكس اندهاشاً من نوع مختلف، تمارس عليكِ دور الأم -الذي كنتِ تمارسينه عليهم بامتيازٍ- تجعل من نفسها رقيباً عليكِ.. تشير أصابعها الطويلة المُشرَعة في اتجاه وجهك، بعدم الاقتراب، الابتعاد الواجب، عدم الوقوع مرة أخرى في شراك عنكبوت جديد!!.. أهكذا هي ترى علاقتك بآخر؟!.. وهي الآن في كنف دفئها؟!

يستدير صوته ليناوش روحك.. يتسلل، يوقظ بنعومة متوحشة مكامن صدرك، تهرع يدك نحو علبة سجائرك.. تمتص أناملك المحترقة واحدة، بينما تشتبك عيناكِ بنظرة أخيكِ الأكبر، بحنو نظرته وميلان رأسه نحو اليمين، تجاهك في الصورة -كما في الواقع- وكفّك

تربت على كتفه في اتكاء مرجو، وحنو تفيض به روحك.. يغشاك فيض مشاعره المرهقة، وهو يغتصب أسباب حياته اغتصاباً، وترتبط بكِ مشيئة أيامه بحبل سري يمتد برغم البعاد، يجعلكما الأقرب والأنقى والأصفى والأحنّ في حيز لا يعترف بالدفء.. تقفز في صدرك ووعي ذاكرتك الملتصقة بروحك، أشواقُ لقائه بك ـطفلاً صغيراً كما بالصورةـ عندما عُدتِ من أول منافيك، إلى منفاكم الأصيل، وتعلّقه برقبتك، قبل أن يلتهمك أول عنكبوت ـ على حد تعبير شقيقتكـ ويبتلعك طوفان آسر، يلفظك فيما بعد لطوفان أشد في غربة ممتدة بلا قرار.

ترتعش السيجارة بين شفتيكِ، تنتج أطيافاً تتزاحم.. تتراقص على ضوءٍ شحيحٍ مضبب، تغتالكِ فيه أقدام متسارعة، صاعدة هابطة، على درجات سلم تتباعد وتتقارب بك.. تومض فيها نقاط مرتعشة لا تفتح طريقاً لبصيص نور قد ينبسط، ربما أزاح بعضاً من عتمة.

تتلاعب في رأسك بقايا كلماته، ترنيمات عشقه، نداؤه الذي يشغل حواف القلب ويشعله، يطلق إسار الروح.. يسري خدراً محفوفاً بحذرٍ شديدٍ متردد في ثنايا الجسد المستسلم.

تؤلمك حدة نظرات أخيك الأصغر، وهو يقلّب سيجارته على جانبي شفتيه، يجرع من كأس نزقه.. تشي ملامحه اللامبالية ـفي صورتكمـ باستهتار وتهور مبكرين، فقد نمت به الأيام ورعرعت فيه نزعته للتوثب والانقضاض، برغم انضوائه تحت جناحي اغترابك!!

حينما كانت تأتيكِ الإشارات الوامضة، حاملة نشواكِ وخدرك، على هاتف المسافات الشاسعة، تخترق جبالك وبحارك التي تفصلك عن فارس

المشاعر النبيل، كانت تأتيكِ انقضاضة أخيك كسهم نافذ، سكينٍ ناجزٍ يقطع حبال الوصال، فتنزوي كلماتك ويخذلكِ ضعفُكِ، ليشتعل الوهن في قلبك، والغضب في قلب ينتهبه عشقك، بليل كان لكما وحدكما، ونهارات ممتدة من الشوق والترقب والتقلب على جمر الانتظار.

هل ترين أن فارسك كان حقاً نبيلاً؟!! وأنكِ حقا وُلدتِ، ثانية، من رحم روحه ونزقه، وافتتان روحه بكِ، وتطلعه لاقتسام بهجة ما تبقى من الأيام معك؟! أم أنه كان مجرد طوق نجاة، تشبثتِ به وتشبث بكِ.. داواكِ من سقم جرح غائر، خلَّفته فيكِ علاقة آسرة حميمة، بعنكبوت آخر نسج خيوطه حولك، واستسلمت له؛ فالتقمك.. أحكم قبضته عليكِ.. لم يفلتك، وأسرك في سجن البدن، ثم... لم يحتمل أحوالك، فلفظك.. تركك نهب تحرشك بعالم ما زال يكشر عن أنيابه، لتنبت لكِ مخالب جديدة.

فهل توحَّشَتْ مخالبُك، لتطال فارسك النبيل، وتُحدِث به ذات الجرح الذي ما زال ينزف بداخلك؟!!... ترى هل يغفر لكِ خطيئة أن حملتِه بعنادك على البعاد، بعدما نشبت فيه مخالبك العنيدة التي تشهرينها لأول مرة في وجه أحد؟!!

هل ما زالت تؤلمك بقايا نظراته الشاكية التي ظلت تحبو خلفك وأنتِ تولينه ظهرك، والمسافات بينكما تتباعد، في أعقاب آخر لقاء؟!!

ترتعش يدك على الهاتف.. هل تريدين الآن سماع صوته؟!... أم أن صمتك ما زال يخذلك.. يَخِزُ مكامن روحك المحتبسة في جسدك.. يبطِّئ سير أيامك السكرى.. تنخذل روحك.. أم تتألق؟.. تشتعل جذوة عشقك.. أم تخبو؟.. فالصوت الساري في صمتك القادم من أغوار

هجرانك وانكسارك، لا يشبع فيك نهم الخروج من شرنقة صمت يجثم عليكِ وعلى كل الأشياء من حولك..!! "فهل تكفّرين -الآن- عن صمتك؟!!"

يغشاك صرير الباب، وحفيف أقدام ابن أيامك المضنية، رفيق منفاكِ وعلته، يقترب من أعتاب حجرتك، ببعض من ملامحك الممتدة فيه..

فهل عليكِ -الآن- إلا أن تغمدي بقايا سيجارتك في جسد منفضتك.. تنزعي عنك الشال الحريري الذي استقر، رغما عنكِ/ لا إرادياً، على كتفيك.. تلقي سماعة الهاتف إلى جوارك.. تُحْكِمي ضم شعرك المنسدل على جبينك في فوضى إلى الخلف، بخيوطه البيضاء المقتحمة، المنذرة.. لتعاودي تشخيص البسمة الزائفة على شفتيك ووجهك، قبل أن يلج نحوك.. يشعل ضوء مصباح الحجرة المعتاد.. يطوّقك بذراعين فتيتين.. يستنزف ما بقي من ذبالة مشاعرك، فيغيب الظل الباهت عن الصورة، ويزهو ضوء الحجرة، ربما يغتال، إلى حين، بعضاً من أغبرتك.

بهجة المطر

هل تدركين معي حدَّ اليقين، أن كل ما بيننا يستنبته المطر، ذات شتاء طويل متجدد.. يفرض سطوته على كل الفصول لتتحول إلى شلال هادر يطوف كل الفصول، وينبت لنا فيها الزرع والثمر، ولا يتوقف، وأنا أحملك على كتفي ليل نهار.. أتجول بك.. أتنفس بك.. أقتات بك وأجري بك تحت المطر، الذي يغسل كل شيء، تحبل الأشجار بالأمل.. تولد الروح من رحمه، فالمطر هو الروح.. هو الضياء الذي يغتال الظلمة، وهو البرد الذي يغتال قسوة صهد الشمس وهجير الحياة في صحراء قاحلة بدونك، هو النبع الذي يرتوي منه قلبي، حد الامتلاء، والشبع حد الانتشاء، والانتشاء حد الجوع المفرط لكل تفصيلة من تفصيلاتك، ذرة من ذراتك.

سرمدية أنت، وعابرة بروحي مدارات الفصولَ!

حينما التقينا، كان الجو خريفاً يتماسّ مع خريف العمر الذي باغتنا، وبادرتني ملامحُك بالسؤال الصامت الشجي، فقلت لك: ''ليس في خريفنا الحاني، سيدة عمري، ما يخيف''؛ فالخريف معك تحوّل ربيعاً غير ما نعرفه عن الربيع، تحول ربيعاً حقيقياً لكل شيء، لكل

لمسة من لمسات الروح، وهمسة من همسات الفؤاد، لكل ندة من ندّات الصوت، لكل فوح لعبير ما ارتقى ما بيننا، ليعانق تخوم السماء دون مواعيد، دون ترتيب.. نتنسم فيه أنسام الشتاء الحاني المشتبك بأيام الخريف والمتعانق معها، وحفيف أوراق الشجر، التي تعدنا بالتجدد برغم السقوط، فمن رحم الغياب يأتينا الحضور!!

"زمان".. كنت أرتب مواعيد فوضاي، لأنعم بشعور يتسق مع حالي، وأختار القليل من الكلام الواقف على حدود ما يمليه عليّ القلب المتعقل، وأسير خلفه، وأغتال المسافات بالتفكير العميق المتردد.. بالأحرى لم يكن هناك مسافات، كانت المسافات وهمية، وكنت أنا الذي يخلفها!! أما معك فلا مسافات، برغم حضورها الطاغي!!... ترى ما الذي جعل من البعد معك قرباً لا ينتهي، وجعل القرب مع دونك، في هذا العالم، بعداً وحكماً أبدياً بالنفي والانفصال، وجعلني أهفو إليك روحاً وجسداً!!؟

وحين هدر بنا الشتاء، وَلَجْناه بعُنف اشتباك ذاتيْنا اللتين صارتا ذاتاً واحدة، كتب لها أن تتنفس أنفاساً واحدة، وتزدرد طعماً واحداً للبهجة التي يهبها لنا المطر حين يهطل على قلبينا.

يأتي الشتاء دوماً، ويأتي المطر.. ينتشر في الأجواء عبق وجودك الآسر والمقيم في عالمي، ويسكنني صوتك متناغماً تحت المطر.. يتلون بلونه، ويتعطر بعطر تعانق الموج والمطر، وألوذ بك وبروحك في ركن يحتويني/ يحتوينا دائماً نرتشف فيه القهوة من فنجان واحد معاً، وتلتمع في أعيننا آيات الوجد.. أنسلخ عن العالم بك، ومعك، وزخات المطر تنقر كل شيء بالخارج.. تعزف سيمفونية المطر.

تمطرك كلماتي.. تصحب روحك روحي تحت المطر، فعشقك مطر لا يعرف ماهية الفصول، فحين تمَسّينَ آلامي برفيف روحك، يتحول عظيم الألم نثاراً، ويصير إلى عدم؛ فصوتك شلّالُ حنان يخترق الحواجز والمسافات والأزمنة، ويأتيني مع روحك دائماً أبداً، لا يفارقني، أينما كنت وحللت، ينبع من قلبك العَطوف ونهر عشقك الساري بأوردته، فحَتْم على كل الأنّات أن تتحول إلى نغم يثلج صدرينا.. يشفيهما من كتل الأسقام، ويعيد ترتيب أبجدية الكلام من بعد الغياب.. يضع الحاء قبل الباء موضعاً صحيحاً، يصحح خطايا العالم وخطايانا، بعدما قادت الباء الحاء من قبل، فبحّت الأصوات، وذهبت أدراج الرياح.. يغسل الذنوب وآثام البعاد، وغدر اللحظات المنفلتة دون لقائنا، في مقام لا قسوة فيه للمطر، فـ"كل الأشياء من داخلي ومن حولي تردني إليك رداً جميلاً".

يأكلني قلقي عليك.. تجلدني ذاتي؛ فكيف طاوعتني نفسي، وارتديت عباءة الهروب، وتقمّصت دور الثائر في وجهينا، وعاندت روحينا، وانسلخت منهما بدناً، وآثرت الابتعاد.. لكن ما يشفع لي أنني أعود إلى أحضان روحك دوماً كالطفل التائه، كابن الروح الضال عن أمه، الفرِح بلُقياها والمتحرق شوقاً لحنانها ودفئها، المتألّم لدموعها وأنّاتها، متناسياً كل أسباب البعاد والعناد.. هل تعلمين كم تؤلمني أناتك.. أيقونة وجودي؟!!

لقاؤنا الذي كان بالصيف، ممهوراً بهياج أمواج البحر، بطعم انهمار المطر. أتعجب كيف كان الصيف القائظ شتاءً حين التقينا، ولامست أقدامنا الهائمة أديم كورنيش البحر الممتد، تتناثر علينا

هبّات أمواجه رذاذا ينعش الروح، يغسلها بملحه الصافي مما اعترى الروح، ويطهرها تطهيراً!!

لماذا يدفعني البحر إليك؟!! فأهرع إليه لأسامره، فأجدني أسامرك أنت لا غيرك، ويزداد توحدي بك، دون العالم.

لماذا يتحول كل زمان بيننا إلى شتاء، وتتحول كل نقطة ماء فيه إلى مطر؟!!.. هل المطر يعيد صياغة الحكاية؟!!. أم أن المطر يرتب فصولها، ويواصل الإنبات والارتقاء والوصول، وتسليم الفصول فيما بيننا لبعضها، ليهب لنا بهجته؟!!

فقط..!!

فقط.. ستخرج قطعة الحلوى المثلّجة من نهر صدرها الملتهب.. ستلقمك إياها، كطفل لجوح عنيد، وهي ترمي بنظرة عينيها السوداوين الساحرتين، على عينيك المغبشتين بنار الوجد.

ستستمرئ طعمها الصادم، بجوف روحك، حد الدهشة.. ستغرقك فيها.. ستجوب بك سهولها ومروجها الخضراء.. تعود إليك ـ ساحرةً ـ تميط لثام المشاعر الحرى، توقظها من سباتها الأثير وبرودة أطراف كادت تشمل كل العالم.. ستلقيك بين هضابها صريع نشوتها الآسرة، وستترك في أذنيك أصداء همستها الخالدة: ''...'' بمذاق نغم ساحر، وستمضي ملتحفة بصمتها الممهور بسبق الإصرار والترصد..!!

تعود وحيداً إلى مرفأ احتواكما بصمته ونزقكما.. تأتيك قهوتك ـ التي تشبهكما ـ ساخنةً حال حضورها، باردة كلما انتزعت منها رشفة، جاثمة على سطحها تموجات خيال يوم توقف تاريخكما معاً عنده.. تنتهبك الأسئلة الحارة الموجعة!! تجتذبك حكاياتكما المنسية عمداً مع صوت (العرّافة) يشدو من شاشة معلقة كتميمة تنظر إليك من علٍ: ''أنا و....''.. تتوقف أبجدية الكلام عند ''أنا''، التي انسلخت

من "نحن"، ويتحول طعم القهوة إلى مذاق الثلج.. وتشتعل الأسئلة!!

فقط.. ستتلصص عليك نظراتها السكرى، بوجهها المبرقع بالشك والترقُّب معاً، وستُهديك تنهيدة ظل باهت من خلف أسوارها المحكمة المانعة، ليصير النغم سراباً يغريك بالمسير كلما أوغلت خلفه.. تلهث عيناك على الحوائط.. تصر علامات الاستفهام على مخايلتك.

تغالبك روحك، تعود إلى "قهوتك"، تلامس أذن فنجانها، تهمس فيه أناملك.. تنفخ في سطحه بلهيب أنفاسك.. تمده بروحك؛ تُبعث فيه.. تستشعر في رشفاته بداية دفء جديد.. تستمرئها.. يعاودك طيف انتشائكما القديم.. يستردّ الهمس عافيته.. ينعقد اللحن، متمادياً في صخب جميل.. يغشى ثقوب الروح.. تتقافز الكلمات الحارة في جنباتك.. تعتلي صهوة إحساسك.. تتجسد لك الصورة واللمسة، ويفوح عطر التلاقي.

يتحول طعم قطعة الحلوى إلى خُلاصة طعم حبات الكرز الرطب المنعش.. يختلط بطعم القهوة.. يصير الفنجان كبئر لا تنتهي رشفاتك منه.. يسري الطعم الجديد خدراً تستشعره في حلقيكما في ذات اللحظة مع ذوبان ما تبقى من أثر الثلج.. يسري الدفء بطعم الانتشاء، وينفك أسر الـ "نحن" من الـ "أنا"، حد الانعتاق.. كطفلين يتلمسان أبجدية جديدة..

فقط.. حينها، سوف.... ... .

عُمَر

بسمتك التي تثقب جدار الروح والقلب.. تنداح على محيّاك الباسم.. تفترشه، ليكون بساطاً جديداً للعالم.. تحمل في تقسيمه (القلبي) الشفيف الوارف، المختزل لبراءة العالم، بنفس استدارة الوجه الأسطوري الخارج من رحم الأقدار، وعمق السحر المنساب من بؤبؤين سوداوين يُشعّان بريقاً أزليّاً.. يغتال سبائك الليل البهيم التي تكلل رأسك الصغير.. ليلك داكن، لم تعتد العين مصافحته، والتوغل فيه، إلا في حضرة حلم سرمدي، يمتد فيك الآن، لتسكن روحه فيك.

تتمدد في ثنايا حبورك ونشوتك ولهوك بأصابع الألوان، التي تعيد بها تشكيل عالمك، وانشغالك، ودنوك، وابتعادك، وتقافزك الصامت والمزعج في آن؛ لتزداد لهفة الروح والعينين لالتهام تفاصيلك الغِرّة المدهشة، ثم رُنُوّك الباسم، وتعلق عينيك الآسرتين بحركة أصابعي المشرعة في فضاء ما بيني وبينك، تداعبك.. تناجيك.. تختزل المسافة ما بيني وبينك، تناديك بالهمس، تستحث نظرتك الساحرة.

تبادلها أناملك الطرية النابتة، مع عينيك اللتين تزداد مساحة ابتسامتهما، الهاربة من تفاصيل ذاك الحلم الذي لا يفارق الروح،

انشقاقاً جديداً من تجلياتها، يقاتل النسيان المتعب في رحلته التي لا تنتهي.. تتداعى قلاعه وحصونه أمام هبة من هبات الروح التي تسكنك الآن تتلبسك حد التقمص والتغلغل، لتنضجك من نطفة من نطف تكوينها.. ينساب صوتها مع صوت ضحكات لهوك ولهوها، التي تخترق كل المحاذير وسكون الإنصات البادي على حذر.

تلهث أناملي في الفضاء.. تتابعها أناملك في شغف.. أشعر أن أناملي صارت طرية ندية كأناملك الدقيقة، تشكل معها عالمك المراوغ المشاغب على مساحات الورق الأبيض، وتعيد ترتيبه معك، وكأنما أعانقها للمرة الأولى، معك!!

أجتاز الصفوف والأكتاف، حتى أصل إليك، وسط ضوضاء المكان التي اشتعلت.. وبجرأة لم تواتِني من قبلُ إلا قليلاً، أتلمّس شعرك ووجنتيك.. أحتوي كتفيك بيدي، لأسع بهما العالم الذي يسكنك.. أقترب منك أكثر.. تتسع ابتسامة شفتيك المضمومتين الخجلتين، وعينيك، لتبدو من خلالها ومعها أناقةُ أنفك الأشم الذي يقتسم الابتسامة معهم.

ألثُم جبينك الناصع، وتاجك الليلي العميق.. أشعر بشفَتَيَّ تغوصان في لجته التي تجذب روحي إلى مكامن الروح فيك.. تتوغل روحي في روحك، وكأن العالم أعدّ لنا فرَحاً أسطوريّاً بلقاء لم نرتَب له.. تنداح فيه الروائح الزكية التي تحتلّ زوايا الروح وتسكنها، وتفوح كلما عانقتها تلك الروح..

يلهج قلبي، قبل لساني، أنْ: ما اسمك؟

تنساب حبات ياقوت من شفتيك بفرحة غامرة حيية: "عُمَرْ"..

تتعود وتتلاقى أيدينا وأعيننا في الفضاء، وأنت تغادر المكان في
صحبة من لا يشبهون بهاء روحك... ولا تغادرني..

نرجسية

كوميضٍ خاطفٍ تأتين، ثم تعودين كما أتيت، وكارتعاشة ظلٍ محمومٍ لشمعةٍ -يواري سوءة قلب خوى- تؤوبين، قبل أن يصير الحنين حطاماً.. ينسف جسور الهوى.

تقلبين الشكوى بين أنامل احترقت بنار السؤال، وجفت بعطشها للجواب.. تغمسين النار في ماء الوصال، فيصير حُمماً يلفظها دون هوادة، تحرق أوراق الأسئلة سابقة التجهيز، والمعلَّبة في خِزانات القلق والتوتر.

تمطرين السمع بحكاياتك، التي كنتِ تضنّين بها، المختبئة في قاع ذكرياتك.. تستحلبين صمت (الآخر) الساري المنصت.. تقتلين ثوانيه السابحة في لُجّة عرق اللهفة.

يندلق البوح منك دون هوادة.. تميطين طرفاً من لثام، عن عين يجتاحها صدق البوح المباغت السيَّال.. توارين بعض مرارة في حلقك -ربما اعتدتها مع الزمن- وأسنان تجزُّ على كلمات لم تكوني لتبوحي له بها من قبل.. تتعجبين من هطول كلماتك على مساحات شعوره التي يستوطنها التوتر، وتزداد حدة لهفتها الصامتة، المستغربة لما آل إليه

حال كلماتك من ورعٍ وامتثالٍ واستسلام لماضٍ لا يزال يجلدك بقهره، برغم وأُدِك لما يجتاحك من مشاهد قهرك فيه، تواجهينه بصمتك المَوّار تارة، وأخرى بضحكتك الممطوطة الساخرة.

يأتيكِ سؤاله متلعثماً:

- ‟أمقهورةٌ أنتِ لا زلت؟!!‟

- ‟بل كنت مقهورة، أما الآن...‟

تزدردين رشفاتٍ من كوب شايك سريع التجهيز، والذي صار ـباعتيادكـ بارداً من طول انتظاره لأناملك اللاهثة على مفاتيح الحروف والكلمات والأسهم.. تستسيغين معه طعمَ الأيام الباردة، ترتشفين معها طعماً متجدداً للمقاومة والعناد، وطول الأناة لعينين تسبحان في شاشة سحرية مزدحمة الألوان والأصوات.. تقلّب العالم بين ناظريك وسمعك.. تلتهم انتباهك لهواً وجِداً.. تشحذ انطباعاتك المأخوذة بصرع العالم وصراعه.. تتشرنقين فيها.. تتماسكين.. تلملمين الخيوط على ذاتك كعنكبوت.. تستقوين بها.. تتفلتين.. تهربين بعيداً، مع ذاتك المشطورة، ثم تعودين لاهثة، مضطربة، تنزعين قناعَها عنكِ، تتعطشين لمعاودة السؤال، واحتلاب بوح (الآخر) المتمدد على شاطئ حزنه المقيم، واسترداد شغفه بك، وولعه بسحر كلماتك الآسرة، برغم ضنّك بها.

يتعاظم في ظنك حجمُ ما بُحتِ له به.. تنتظرين المزيد من بوحه ورضوخه وامتثاله، في مقابل بوحك غير المنتظر.. تنداح منك الأسئلة لحوحة، غاضبة، متلهفة، ثم تحنو حنُواً مستبداً، تستدر به

عطف البوح.. تقابلين قهر زمانك، بقهره بأسئلتك الموجعة التي ينزُّ بها جرحه حتى النزيف، حتى احتلاب القهر من نفسه التي قهرها زمانها، متأخراً، بك.

يقارن بين قهرك المبكّر الذي جعل منك أسطورة، وقهره المؤجل الذي جعل منه أسيراً لقهرك، والتزم به، لكنك تتساءلين من بعد طوفان أسئلتك، واقتضاب إجاباته الممزوجة بالمرارة والألم، فجأة بغنجك وابتسامتك الحذرة:

ـ ''ألست أنا، بهجة أيامك، وطعم السكر في فمك؟''

تندهشين لإجابته الصامتة الممزوجة بأنين يغالب الحلق، يتحشرج فيه، فيما يجذبك فضول الأنثى فيك، للتوغل مرة أخرى بداخله، واستنطاقه وما يدور في فلكه الذي انفلتَّ من مداره من غير أسف منك، وأنت تقطعين حقب مغادرتك بومضات دنُوّك وابتعادك.

تصدمك عبارته الصريحة:

ـ ''لقد وضعَنا القدرُ وجهاً لوجه، ثم أدار لنا ظهره''.

تتظاهرين بالامتثال للقدر..

ـ ''لعله يخبئ لنا ما هو أفضل..!!''

تلتحف كلماتك بالصبر واللين.. ترفرف حول الكتفين.. تبثهما الرهبة.. تحوطهما.. تهبط قليلا لتهدهدهما.. تحاول تقمص الروح التي كانت تحلّق بينكما منذ زمن ليس ببعيد.. تهمس أناملك، وحدود شفاهك بثقة زائدة، تتغير بها ملامحك..

- ''لكنني أعلم أنني في مستقَرّ القلب''.

تضغطين على أوتار الروح، فيما تناوِشُك مسحة من يأس تحركت من مكمنها بداخلك، وتلحين بالسؤال بتوتر يختلط بنعومة زاحفة تودّ الانقضاض: «أليس كذلك؟».. يجثم الصمت، وتجثو الإجابة، حتى تتردد من فيه متعثرة، يباغتك بتساؤله: «وأين أكون أنا...؟!!»

تضعين كوب الشاي عن شفتيك، مع ارتشافك آخر نقطة منه، فيما ترقد بقاياه في قاعه جافة صامتة، ويتولى ظلكِ عنه..

نظرات

كلما عاودتني نظرة الإشفاق في عينيها، وهي ترفعهما من إطراقهما إلى الأرض، أو تنتزعهما من التحديق في سقف الغرفة أو السماء الملتحمة بالبحر في الأفق البعيد، وتصطدمان بعينيّ، يخالطها أسف وحزن، وصوت خفيض يندُّ عن شفتين مترعتين بهمٍّ جاثم على القلب، كلما ازدادت حيرتي واستعر جنوني وأملت عليَّ غضبتي أفعالاً عصيَّة على التفسير!!

***

في نظرتها التي يخالطها اللوم دوماً، كانت تعتصر قلبي وقلبها اعتصاراً، وتميط لثام غيظها بتعبيرات تتجسد على الوجه، فيقطب لها الجبين، وتنبعج الشفاه الممتلئة حدَّ الرغبة في اللا فراق، وتمتطان في عمق إحدى وجنتيها، ثم تشيح بوجهها في اتجاه يصعب تحديده، وتغيب عنها الكلمات عقاباً صامتاً لا يعلم مدى تأثيره إلا من يتعطش لندّة من تلك الشفاه الموسومة دوماً بالحنين؛ فيجلدني إحساسي بالندم على فوات الوقت، وتتركني فريسة لانتظار تجلّيها من جديد.

***

لم أصعَقْ من نظراتها المتحوِّلة من قبل، لكن مرارةً بدأت تتسرب في ريقي، الذي كان لا يزدرد طعمَ الشّهد إلا في حضورها المؤجل دائماً، والضارب في عمق اشتهاء خفي لا يحرك مكامنَ غريزة، ولكن يسمو بها، فكلما وجَّهت وجهي نحوها، تأتيني تلك النسمات الهاربة المتخفّية في سحابات حبلى بشوق عارم يسري مني مسرى الدم في العروق.. يلتبس فيَّ.. يجعل من أوردتي مساراتٍ ودروباً تسير فيها بخطواتها المخملية، وتجوس في ثناياي ومخابئ روحي تعطّر طريقاً ممتدّاً معبَّداً نحو القلب.. تقطعه ذهاباً وإياباً، لتعود في كل نهاية من نهاياته لتقطن وتستريح في كل غرف القلب، ولا تستجيب لنداءات العقل، التي تشعل توتراً، ارتفاعاً، وانخفاضاً في منحنيات الدهشة الممزوجة بلذة تواجدها في مكان لا ينازعها فيه سواها.

***

كانت كلما أطلت عليّ من فضائها الأثيري، بنظرتها الساحرة التي تملأ الكون بهجة، وكملاكٍ يبسط جناحيه على عالَمي، يتبدّل كل شيء.. تكسو الخضرة صحرائي القاحلة.. تزهر صباراتي الوديعة بكل ألوان زهورها.. تنبت لها رائحة زكية تجتاز المسافات، كي تعبق بها أنفاسنا.. التي كانت قاربت على الجفاف.. وتستقرّ كي تهبّ مع رياح الصباح الباكر، أو الأصيل، الندية المعتقة بروح المطر، واندماجه بالأجواء؛ فتنبت لي أجنحة من حبور وخفة أطير بها إليها، وتتخلى عقارب الساعة عن طقوس اعتيادها ودوراتها، لتخرج عن إسار الكون.. تجعل لنا كوناً خاصّاً بنا، وأحوالاً كونية جديدة يعود كل

ما فيها صغيراً مأخوذاً بدهشة ولهفة التعامل مع الأشياء والأحاسيس، وكأنما يراها.. يتجسدها.. يلامسها.. يعانقها، للمرة الأولى.

***

لكن النظرة التي كانت تندلع من جفنيها المثقلين بالهمّ، عتاباً آتياً على محفة الرهبة والسكون وخشية استباق العواصف التي كانت تثور بداخلي وتعلمها بقنوات استشعارها، وربما اعترافاً بما جنته تصرفاتها الطائشة أحياناً المُحِقّة أحياناً أخرى، والعابثة في بعض الوقت؛ لتعود طفلة غادرت سور حديقتها على نَزَق منها ثم عادت لتلتمس تلك الرائحة من زهرة محبّبةٍ لديها في بستاننا الصغير. تعمد إلى المشاكسة المصاحبة لتلك الرنوة البعيدة الممتزجة بنظرة العتاب المدلّلة، التي تواري بها أثر غيبتها، تستميح بها عذراً، وتداعب بها وجداناً مفتوناً بها، وهي تعلم أنه لا يستطيع معها فراقاً. كانت تجترح بها سكوناً وصمتاً يضع المتاريس بيننا، تحاول فك القيود التي وضعتها على ذاك البستان الذي كان لا يطرح إلا صبراً!!

***

تدهشني الْتِماعَةُ تلك النظرة الضاحكة التي لا تولّي وجهها فيها أي اتجاه، فتضمّخ الجو بهذا العطر الذي يخترق المسامّ كي يصل إلى المكامن، مُزيحاً كلَّ أسباب التوتر والعناد، ومحاولاً إبعاد شبح لكسر موشك، أو تنميلات في جسد ما بيننا قد تؤدي إلى شرخ قد يَصعُب رَأْبُه، وقد يؤدي إهماله إلى المزيد من الشقاق والعناد المرير، وربما

إلى كسر حقيقي لن يُجبَر؛ فتخرج طيور البهجة من مكامنها مضطرّة أو مدفوعة بأسباب الحنين المتواري بالأفئدة التي كانت تحاول، عبثاً، التمرد والعصيان على البوح، وتُزاحِم النّسيم فتختلط به، وتستحضر أجواء البحر الذي يحمل سرّنا الدّفين بين أمواجه المرتحلة في البعيد.

للقهوة سرٌّ.. معها

ليس غريباً أن تلمح تلك الابتسامة الخافتة، في عينيْ شيخك، وهو ينظر بحُنُوّ مستتر، من طرف خفي، ثاقباً بعينيْ رؤيته حُجُب فنجان قهوتك حال اقتراب رشفاتها من شفتيك.. يجوس في انعكاس بسمتك المفتتنة، للوجه الطافي أبداً على سطح قهوتك، وكأنه غاص في قاع الفنجان ملتحماً مع حركة انسياب القهوة مع قاعها المترسب، في اندماجٍ وتوحُّد، ثم عاود رحلة صعوده من قاع كان راكداً ومخترقاً بالسكون السابق لحركة مباغتة.

يبدو الوقت عصراً، والممَرّ الفارق بين العتمة التي تتملك الحوانيت الغائرة على جانبيه، والضوء الشحيح لجوف المقهى، والضوء المتهادي من تقاطعات الشارعين الغاصّين في السكون، مع الممرّ من طرفيه.. ينسج غُلالةً من ضياء حانٍ ينعكس على زجاج ترابيزات المقهى المستديرة، بهياكلها المعدنية المفرغة.. يصنع ظلاً للمفارش الجلدية الصغيرة التي تستريح عليها الأكواب، وتتأرجح بين الانزلاق والثبات والجنوح، كلما اقتربت أناملك من الفنجان لترفعه نحو شفتيك، أو تعيده مكانه.

تبدو النسمات المهدهدة، المنطلقة من الجهتين، لتتلاقى في فضاء الممر، حاملة عبقاً مراوغاً يجتاز المسافات.. يستقر لديك.. يناور كي يداعب مكامنك.. يعتلي كتفيك في تبادل والتفاف، كعصفور منطلق، حتى يركن إلى كتفك الأيسر بأنفاس تتشممها.. تدنو منك وتتباعد.. تتفلت، ثم تعود مستقرة.. تتقاطع مع الرائحة التي يزداد نفاذها، تدفع نشوة في مسارات الشهيق والزفير، لتستجيب لتلك الرائحة الأثيرة مختلطة بأخرى قارّة في النفس.. تستحضر بها عبق البحر في نهارات مشمسة بديعة، لا تهتز ملامحها في ذاكرتك المتخمة بالصور والهمسات والهمهمات الملهمة والنداءات البعيدة، ورسائل المناجاة التي يطيّرها الحنين.

يبدو الوجه مكتملاً في صفحة الفنجان التي لم تهتزّ خارطتها برغم توالي الرشفات في بطء.. تستخْلب معه طعماً أسطورياً لتلك الملامح، كأنما لم تغادرك منذ دهر.. تزداد الملامح الأثيرة تحديداً.. تعبث في جدار القلب.. تهزُّه.. تُميله في انعطافة كي يأتنس بوهج لحظة الاكتمال.

يهمس شيخك: "في القهوة حياة!!"

تتلفت حولك.. يزداد العبق اشتباكاً.. تلمس حافة الفنجان بأنامل يحركها خدرٌ كامنٌ.. تهمس قسمات الوجه في روحك: مضبوط.. ثم يتوارى الوجه في تموجات السطح بابتسامة عينين يتولاهما مكرٌ وخفر، يزيدهما الغنج توهّجاً.. يزداد انعطاف القلب على الجوارح.. يتوه في نبضة زائدة ترخي صمتا على كلمات مؤجلة، كان سيبوح بها لولا...!!

تتقاطع نظرات النادل العابرة، مع نظراتك المتأملة المتبتلة، السارحة في وجد اللحظة التي تجسدت/ كادت تتجسد، فيؤمّن قلبك على شيخك الذي ابتعد وصار على مرمى حجر من مكانك.. لا تزال تلومك نظراته الحانية، ولا تلومك.. ترعشك.. تدفعك نحو هروب وبراح وفسحة من وقت.. تتوغل فيك الرائحة/ مزيج الروائح المتوحد، وانعكاس مراوغ لوجه الفنجان الذي فقد وشمه، ليصير خالياً من تقاطعاته، يلتمع الضوء على سطحه في وهن..

تعاودك كلمات شيخك: "في القهوة حياة.. ولكن...!!"

ينداح صوت فيروز في المدى، مشمولاً بالنشوة والقلق.. يتقلب على وسادة للروح، وأنين للناي:

"هل جلست العصر مثلي، منزلاً دون القصورْ"؟

***

ليس غريبا أن تصير عرّافاً يقرأ تلطخات الفنجان من بعد جفافها البارد، وهي تتخذ طرقاً وسبلاً متقاطعة تقف على بعد منها بوجهها الذي تحول إلى نقطة وحيدة ثقيلة، تنظر إليك بوهن ووجل، وسط وجوه شائهة وضباب يفصلها عن وجهك الذي صار نقطة أخرى في مقابل وجهها.

ليس غريباً وقتها أن تَشتَمّ عبقاً محترقاً للقهوة التي ما زالت تُصدِر أنيناً مكتوماً يتماهى مع ذات الأنفاس التي تصر على بوح صامت لا تفلح معه هدهدات حانية من عين شيخك ولمسات تقترب من كتفيك وظهرك.. تحفُك بأثير، وملامح صورتها الباهتة الموخزة للقلب..

يتدلى شعرها في فوضى مرتبة على جانبي كتفيها في انطلاق مقيَّد، محصور داخل إطار وسط زهور محنَّطة وزهور لعيد الميلاد.. تتدلى منها ذات النظرة التائهة في دروب (الفنجان).. يتولّاها منذر ذبول (ربما) بتفتح جديد، ربما تجسد مرة أخرى في فنجان آخر من القهوة التي لم تحتسِها معها.

ليبوح شيخك، قبل أن يتوارى في عتمة أحد الحوانيت، همساً في روحك:

- للقهوة سرٌّ معها.. لم يئن الأوان لكشفه، وليس غريباً أن...

جمر اللحظة

أَبَتْ أشعّةُ الشمس الأرجُوانِيّةُ أن تنعكس على صفحة البحر المتّشِحة بالرمادي على المدى، فيما هربت إليه النوارس المهاجِرة مبتعدةً عن الشاطىء.. استقر صهد الشمس المختزن على المكان الأثير الذي كان يحتويك بين جدرانه ونوافذه المشرعة على البحر.. تضمّك على يأس الانتظار.. تلقي بك في دوامة اللوم البائت في حضنك منذ أيام.. لا تدري إن كانت أياماً أم دهوراً عانقت فيها سُهد التخلّي ولوعة تشتيت يبدأ منذ اللحظة الأولى للّقاء، ويستفحل فيما بعدَ الدقيقة الأولى لانتهاء لقاءات كانت عسيرة المخاض، بطيئة الخطوة، محتشدة بمُر الأسئلة التي لم تغادر يوماً ذهنك، والتي ازدادت حدّتُها منذ صباح اليوم.

المكانُ الذي يُنكر عليك أنفاساً كنت تتنفسها، فتجيش بصدرك أشواقٌ للبعيد، هو المكانُ الجاحد لذكرى جاحدة، أو المعلن لحقيقة كانت غائبة عنك، أو كنت تعلمها وتتغاضى عنها، وتظل متمسّكاً بخيوط العنكبوت التي نسجت على كل شيء منذ البداية، لتكون وكراً لأوهامك، ومرتعاً لظنونك القاتلة التي أرْدَتْك صريع الأرق والقلق البغيض الذي أورث قلبَك ضعفاً ثم عناداً، ثم صدّاً لا يليق بكل ما

تمنيت وما بنيت من قصور وما شيدت من حصون وأساطيرَ وإن لم تقوَ على الخلود!!

- لا تقبض على جمر اللحظة!!

هي كلمات شيخي اللائم لي، تتجَلَّى من داخلي على لساني، الذي صار مِطْواعاً لأفكاره وتأملاته، فصار ينطق بما يدور في خَلَده دون أن ينبِس بكلمة، ولكن كيف لي ألا أقبض على جمراتي، وهي الفتنة الطاغية التي أبت ألا تغادرني، وأبت إلا التفلت في ذات الآن.

شمس اليوم كانت حارقة، يُجللها الصّهَد المتملّك للنواصي والأقدام، والشارع الطويل الفارغ الذي يشهد على خواء كل شيء، يجعلك تشعر وكأن الشمس قد طلعت اليوم كي تجلدك بسياطها، وتمعن في تعذيبك، وتبسط مشيئتها لتكون جحيماً خالصاً يخصّك وحدك، ينذرك بأن القادم لن يأتي، وما ترتب له عصيٌّ على التحقيق، لكنك لا تزال سادراً في خطواتك المضطربة التي غزَتْ كل الأماكن التي كنت تهيّئُها للاحتفاء معك بطقوس مؤجلة للّقاء.

كوب الماء الذي ينزلق وينسكب كلما جاء النادل وملأه تاركاً مكعّبات الثلج الشفافة تتقافز بين سطحه ومنتصَفِه، فلا تتركها ارتعاشات الوقت لكي تذوب في الماء، وتكون محواً لجليد كان يكتنف أوصالك وأنت تقاوِمُه بنار القلب والوجد والْتهاب العينين المسهَّدتين، ويصير الكوب فاتراً مشمولاً بجفاف، تتشبث به قطرة ماء وحيدة على جداره تقترب من التحجر.. تصنع مجرىً وهميّاً باهتاً على جداره الخاضع لتصاريف الوقت المارق كدهور.

المرأة التي تحمي جسدها الثائر الساخن، بحكايات تنسجها كي تقيم جداراً عازلاً أمام تحرشات المحيطين بها، المتناثرين، القابعين ينتظرون على كراسيّ جلدية وثيرة، وهي تحشو فترات صمتها بنعاس مصطنع ومكالمات هاتفية تستقبلها، وترسلها على عجل، وإيماءات للقابع القريب منها يرقب سقوط أول حجر في جدار مقاومتها اللدنة، حينما يحرك الهواء المتسلل طرف طرحتها التي لا تحجب ذؤابات شعرها الأربعيني المتأخر، على حوافّ نظارتها الشمسية السوداء، تلمحك بطرف عينيها ممعنة في استحلاب الوقت بحفيف لمسات من ساقيها تدنوان وتتباعدان في ذات الحين، وتمتمات تشبه الأوراد في ترنُّمها بها، في حين يباغتها الـ ''ستيوارت'' الذي استلم ورديّتَه المسائية لِتَوّه، بلملمة ما تبقّى على سطح المنضدة الزجاجية التي تشكل أعوادُ البامبو العتيقةُ هيكلها.

عندما لا يكون الوجود حقيقياً ولا صافياً ولا ضافياً ولا محققاً لمعادلات اتزان الروح، فحتماً سوف تغادر الروح المكان بمجرد الانفلات منه، ولن يكون لها أثر الآن، ويكون المكان شاهداً ومؤرخاً لتاريخ من الجفاء الذي يتجسد على الحوائط التي كانت تستند إليها الظّهور، والوجوه التي قد ترتبط بالمكان، والمقاعد التي يغيرها الـ''ستيوارت'' بعد كل ليل طويل من المسامرة ومفاوضات المرتادين وأهل الحاجات، ثم ينفض غبار الحيرة عن المنافض وأسطح المناضد، ثم يكنس كل المشاعر التي جفّت وانتحرت على أرضيّة المكان، والتي انزوت وعشّشت بالأركان، كي يغير بها معالمَ ما كان لها أن تلتصق بالروح ولا تلتصق الروح بها.

هل كان علينا أن ندقَّ بقسوةٍ على كل الأبواب؛ حتى نتأكد أن ليس

خلفها إلا الفراغ وقصاصات الوهم، واختلاجات المشاعر الزائفة دائماً، ومؤقتة الصدق أحيانا، رغم ما لاح منذ البدايات الجدلية العقيمة؛ ألا سبيل إلى الامتلاء والاكتمال؟!! كانت كل الأشياء من حولي تردني إليكِ رداً جميلاً: (البحر، والنهر، وبقايا عطرك الساحر الذي يتخلل الأجواء واحتضان يدك ليدي، وبصمات أنفاسك على أنفاسي وعلى كل شيء).. حتى نقضت عهدها معي.. الآن.. لِمَ أجدُني أهرع إلى مكان يتهيًا لأن يكون طللاً جديداً؛ أتشمم رائحتك التي تصر أن تتلقّح بالغياب المقيم، حتى في لحظات دُنُوٍّ يضن بها الوقت وتلعب معها بنزق لعبة المواقيت المؤجّلة والمحمّلة على محفّات تتأرجح بين الحضور والغياب، لتجهض أملاً قد يتحقق هذه المرة وقد لا يتحقق.

يخيّم لون البحر الرمادي على المكان، يبسط نسمة تتهادى كرداء مخمليٍّ يحاول ترطيب ما اختزن من صهد الانتظار، وغليان اللحظة في عروق أبت التوقف عن استلام دفقات الروح المختنقة التي انحبست في مسارات الدم، واعتلتْ حمرتها الأذنين، وطوقت الرقبةَ بذات اللهيب، ولا تفلح في استهداء القلق الباسط هيمنته على المكان، الذي توتّر كلُّ ما فيه، حين قفزت صورة البث الفضائي من تلفاز يعتلي أحد الأركان لمباراة كرة في كأس العالم بين قطبين من أقطابها.

يُقتَحَمُ المكان بوجوه جديدة تتطلع إلى ذات الشاشة العملاقة، وذات الصراع الأزليّ بين الوقت المتبقّي واللا وقت الفائت من المباراة، في نزق يتناسب مع الحالة التي أتت لتقبض على جمر هذا النزال، بين الممكن تحقيقه، والصعب، والذي يصبح مستحيلاً إذا أزف الوقت واستحال إلى رذاذ كرذاذ البحر حين يهيّج قبل أن ينبسط ويهدأ، ويدع الفرصة للأشعّة الأرجوانية أن تغتاله.. تكاد الوجوه تملأ المكان الذي

كان هادئاً، تفارق صفاء المقاعد التي كانت قد استراحت من نضال أيام فائتة مع وجوه أخرى ومتشابهة، وأخرى تقتنص بهاء اللحظة في هدآت المكان.

يهمس لي شيخي، وهو يطل عليَّ من أعماق لا أدريها: "أما زلتَ مُصرّاً على القبض على الجمر؟"، وهو يعلم أن الجمرة ليست بيدي، أشعر بها في كل خلاياي، برغم يقيني بعباءته التي يبسطها عليّ أينما ذهبت، ويديه اللتين تحوطان كتفيّ المحتاجين دوماً لمن يربّت عليهما دون الحاجة لطلب أو سؤال!!

يتسلل الضوء الأصفر، سريعاً، من مكامنه بمربعات السقف الواطئة والحوائط، والثريات البسيطة المدَلّاة من السقف الشاهق المطرّز بطنافس الملائكة والورود والحسان، يتقاطع مع اللوحات البنية البارزة التي تعتلي أركان المكان، تقترب من السقف، فتشعل ألقاً وتلقي ظلّاً يهيم بين الأصفر والبُنّي والأسود حتى يغيب في أركان لا يعلم مداها ولا يشعر بها إلا من كان متوحّداً بالمكان ذائباً في تفاصيل تخصه، وبالمقعد الخيزراني الذي ينتظر من يُنتظر جلوسه إليه والغوص في تجويفه الوثير، وطبع سمته فيه، فيزيد ضغط روحي على جمرتها، وتعتصرني، فتكاد يداي تعتصران بعضهما.

يضغط عليّ ظل شيخي موبخاً، لائماً، ناظراً بكلمات تتردد في مساحات وفضاءات أراها تتباعد حتى تكاد تتلاشى، بينما تنسحق روحي تحت رحى حنين طاغ متسارع بلهاث.. تنقبض له النفس العاشقة لضوء النهار، بدخول الليل بعتمته الموغلة في النفس.. يكاد يتباعد ظله، يراوغني بين الكشف وبين الحجب.

تقبض اللحظة على ذاتها برغم كل شيء، وتتأرجح مع بندول الساعة القائمة على أحد القوائم الفاصلة بين نوافذ المكان العريضة على البحر، حين ينطلق رنين النقال بعد تردد وفترة عطب اجتاح الأثير، وعطل كل قنوات الاتصال، على تنبيه رسالة فائتة، يباغتني وميضها كاشفاً ساطعاً، لتوحي بصعوبة تحقق الوصول.

تلتفت إلى شيخك، وهو يستدير نحوك في ذات اللحظة، ليغادر معك، على عتبة المكان الذي لفَّته الظلمة واكتنز الضوء في حيز الشاشة التي التهمت أنظار المتحلقين المتعلقين بها، وصاروا أشباحاً يبتلعون صمتاً كتموا فيه أنفاسهم، وامتزجت خيالاتُهم، وذابت الحدود الفاصلة بينهم، بينما اختفت المرأة الأربعينية بأورادها المبهمة، فيما كان شبح يتهادى بقلق دفين للولوج إلى ذات المكان، لحظة قبضك على كف شيخك لتمضيا سوياً نحو الاتجاه الآخر من نهر الطريق لتسيرا متجاورين رُفقة عتمة قادمة لبحر ساكن، بلا نوارس محلقة، قد تساقطت في حمرة الشفق.

مظلّة تعانق عصفوراً.. والمدى

المشهد صار خلفك.. لا تدري إن ظلَّ ثابتاً أم تحرَّك.. أم سكن موغِلاً في صمتَ ضُحىً مشمولٍ بنسمات البحر، وصوت النوارس المناوش على المدى، تبحث عن صيد لها تحت سطح يتولاه الهدوء الخاشع، وصدر حنون لمويجات تعالج هدأة البحر بدرفلات متقاطعة متوالية.

هل تغيرت الأبعاد في تلك اللحظة، وأنت تنعطف، لتأخذ مسارك المعتاد على الرصيف المقابل لرصيف البحر.. هل استطالت قوائم تلك المظلة الحديدية الباردة للانتظار؟ أم استقرت كما هي تعاقر صمتَ خُلُوّها من غريب يلتمس غريبا، وصدأ لا تفلح معه الدهانات الزرقاء الباهتة المتعاقبة، ولا التماساتُ التمسك بها من أيدٍ يتوالى عليها الارتعاش والوجل ونشوة الانتظار التي تتأرجح بين المكوث وبين العناد وبين ظلال التململ في المكان، والرغبة في مفارقته، أو التشبث به دون الوصول إلى تحقق قد يكون أو لا يكون، وقد يظل معلقا على مشجب الأمل ومحطات الغيب والقدر.

المشهد بات أمامك.. حين اكتملت انعطافات واستدارات كتفيك وجسدك ونظراتك المترقّبة المتوالية، دون تحديد لما سوف يتوالى

على بصرك، ويتجسد منعكساً بصورتك على الزجاج العريض للبناية التي كحّلها سهاد الليل ووطأة فلاشات الإعلانات الضوئية التي تعتليها، وأنهكتها قسوة الإشارات المفاجئة للسيارات المارقة طوال الليل، وفسفور العلامات المضيئة على أَسْفَلْت الكورنيش.

يتجلى مشهد المظلة مكتملاً.. يبدو أمامه البحر ببساطه الممتد في الزجاج الذي ابتلع بعرضه المدى مغبشا يتقاطع فيه أزرق البحر مع أزرق السماء، مع كتل السحاب التي تتجمع وتتفرق لتصنع مزيجاً من الأبيض والرمادي المخترقين بأشعة الشمس.

يقتحمُ عصفورٌ صغيرٌ المشهد.. يتشبث بحافة إحدى النوافذ الجانبية للبناية.. تتوالى نظراته مخترقة الزجاج الذي اكتنز صورة للبحر وارتعاشات النوارس البيضاء تعود فيه من جديد.. يرفرف بجناحيه.. يتخبطان.. يتقافز بمخالبه الضئيلة.. تتعلق بالحافة وتتأرجح.. يتقهقر إلى الوراء في شريط رفيع كصراط، يرتفع عنه بارتباك ورعشة، ثم يعود ليتشبث.. يعاود النقر والرفرفة والانزلاق على صفحة الزجاج، يتمسح فيه بعنقه.. يمتطي الهواء ثم ينزلق ملاصقاً للزجاج، ثم يهبط بكامل جسده مستقرّاً على الحافة بلهفة واضطراب.

تتوالى الرعشات.. يتلفت.. يرتطم بكامل جسده بالزجاج.. يرتد مَذعوراً.. يكاد يسقط.. يتمسك بالهواء.. يتمالك زمامَه.. يكرر المحاولة.. يعاود النقرَ بدقّة وتركيز خاطفين، حتى يهبط به جناحاه بغتةً بلا اتّزانٍ على أرض الرصيف، وسط شريط من الحشائش الخضراء.. يتلفت حوله.. تتوالى دَحْرَجات عينيه نحو المظلة الخالية، فيما انفضّ الرصيف قبالة الكورنيش من الواقفين والمارّة.

تلتفت بكامل جسدك.. يأسرك مشهد العصفور الذي سكن بغتةً متأهّباً إلى جوار المظلة.. تجفل عيناه مرات، يتلفت نافضاً جناحيْه، ينطلق صوب زرقة البحر والسماء الصافية.

تلتفت بكامل جسدك.. يأسرك مشهد العصفور الذي سكن بغتةً متأهّباً إلى جوار المظلة.. تجفل عيناه مرات، يتلفت نافضاً جناحيْه، ينطلق صوب زرقة البحر والسماء الصافية.

قنديل

كان قنديل المقهى، لا يزال يرسل بقايا وميضه.. يتماهى مع ضوء الضحى الساقط على جوف المكان.. بوجل وثقل، من بُعد غلالة من عتمة كانت تتصدر المدخل قبل أن أهمَّ بولوجه.

بدا الضوء باهتاً مصفرّاً ممتزجاً بالرمادي.. يزداد الإحساس به كلما هبطت قدمايَ درجة من الدرجات الثلاث المفضية إلى الجوف، تظاهرني نسمات هاربة من هواء البحر، منفلتة من زمام جَوٍّ خانق، في حين تستقبلني رائحة بخور عتيق تختلط بروائح المقهى المختزنة، فتشعل فيَّ حنيناً غامراً إلى كوب قهوتي الصباحي مع أنفاس نرجيلة متأججة تطلق الضجر الساكن وتحرره من مكامنه بداخلي.. تفك مغاليق دهشة الصحو.. أتهيّا لها وأنا أستند إلى الذراع الحديدية المائلة مع الدرجات بملمسها ورائحتها البارِدَيْن كبرودة صخرة بحرية تعلوها الطحالب، بنظرة المتطلع مشدوهاً نحو السطح الواطئ للمقهى كمغارة، مأخوذاً بالصمت الرائق والرهبة معاً، ومنشغلاً بسيل من الاستفهامات التي لا تزال تقتحم رأسي منذ دهمني هذا الخاطر، واقتحم مخيلتي، وقادني نحو البحث والتنقيب في الوجوه والآثار؛ فكنتُ كمن يتحسس روحاً شاردة هربت منه من بعد ما

تملكته وبسطت هيمنتها على كل تفاصيل الشعور، وسبحت مع الدم في العروق.. وصار يفصل بيني وبينها آلاف الأميال، وربما دهور بحساب الزمن؛ فقد تغمرنا المسافات بوجع الروح، وتفيض علينا الذكرى بأمل التداني؛ فيملأ القلب شجنٌ مقيمٌ في مداراتٍ للتجلِّي، فينضح بالنفس شوق ويفضحها، لملامسة أشياء كانت من القرب كنعيم مؤجل مشبوب بآمال التحقق، وصارت سراباً يقطِّع أوصال الرجاء.

غمرتني نظرة العجوز المنكفئ بظهره المحدودِب خلف (النصبة) دون كلام ولا إشارة ولا استفهام، ثم تلَهّى عني مختفياً خلف سحب البخار المتصاعد من برَّاد الماء المغلي، وهو يلقي به في جوف الأكواب.. وأنا أتأهب كي أنتقي مقعداً مقابلاً له في زاوية المقهى، أسفلَ مذياعٍ خشبيٍّ عتيق يحتلُّ رفّاً حديدياً محفوراً بالحائط.

لم يبادر ''نادلٌ'' بالظهور أو التحرك في فضاء المقهى المكتنز بمناضده الحديدية المعدودة التي يعلوها رخام غامق، وتحاصرها كراسي الخوص المضفَّر، فراحت نظراتي تجوس المكان.. تتعلق بالأرفف العالية الخالية من أي شيء، يعلوها تراب وبقايا خيوط عنكبوت لا تكاد تُلحظ.. تطوف نظراتي لترتكن إلى إطار قديم يحبس داخله صورة بالأبيض والأسود لفارس من فرسان الفتونة، بالحي الشعبي العتيق الملاصق للبحر، وهو في لباس فتوته بشاربه الكث المبروم وملامحه القاسية تحت طربوش منبعج الجانبين.

عندما بادرت بالسؤال عن ''قنديل''.. ذاك الفارس الأسطوري الذي مد جذوره في الروح التي غادرتني، ثم راحت فروعها تتفرق في الهواء، مقتحمة ناموسي الكوني، كي يؤرّقني هم الوصول إلى

أصولها، وتراودني لذة التحقق من تلك الحكايات التي غزت بها روحي، وأرقت ليالِيَّ، ما بين سُهْدٍ ووَسَنٍ.. قيل لي أن هناك مقهىً عتيقاً، ربما كان هذا سر احتفاظه بهذا الاسم، بالقرب من مقامات العارفين بالله، ما يشي بتاريخ ربما قد اندثر، أو تناثر من يحملون لقبه على أحياء المدينة زحفاً نحو الشرق تارة، ونحو غربها تارةً أخرى، حتى لم يعودوا من قاطني هذا الحي.

-”ربما كان للمقهى روّادُه من العالِمين بدهاليز المكان وتاريخه، والمحافظين على سير الفتوات وفرسان البحر الذين ظلوا يتحاكون بحكاياتهم إلى عهد قريب“.

هكذا قال لي صديقي العارف بالمكان، ولم يُرِد إلا أن يتنصل من مهمة بحث ثقيلة قد يراها اختراقاً لتواريخ، ومسافات يحتال كي لا يتجاوزها!! حتى لا تنفض التراب عن آثارٍ يريد القدر أن يخفيها، حتى تبدو كتجليات كما تجلت تلك الروح لي، ثم ذابت عبر المسافات.

عندما يتعلق الأمر بحالات من اقتحام البعض لحياتِنا، فإن هناك المزيد من العلامات والإشارات تدفعنا حثيثاً للمضي قدماً في مجاهل لا نعرفها، نحاول تقصيها، ربما دون معرفة منا بأسباب هذه الرغبة، ولا نستطيع على حجب أسرارها عنّا صبراً، ولا يأتينا منها إلا أقل القليل، مع المزيد من المغامرة غير محمودة العاقبة.

هكذا وَخَزني الخاطر، وأنا أبحث بلهفة عن ظل لهذا النادل الذي يراوغني حضوره برغم غيابه عن المكان، فبعض الناس لا يفلحون إلا في مثل هذه الأمور التي يكون فيها الحديث عن الآخرين فاكهةً يستلذّون بها، ويلوكونها تباهياً بمعرفة كل شيء!! حتى باغتتني

عيون، لا يفارقها غبشُها واحمرارُها، تجاور الباب الآخر للمقهى من الخارج.. على ممر جانبي ضيق، تغافل أيديهم المنشغلة بين دفّتَي طاولةِ نَرْد؛ ليتناقلوني عبر صفحات وجوههم، من خلف سحب دخان سجائرهم، ونرجيلاتهم.. ونظرات بدأت في التسحب والإشارة الخفية إليّ، وإيماءات لم أجد لها تفسيراً تزداد حدتها.

هل ازداد شغفي لفنجان القهوة، في هذه اللحظة التي ربما بدأ الصداع يناوش رأسي فيها، يضغطها، هرباً من تصارع الخاطر مع ذاتي؟ أم ظل يؤرق جلستي هذا الهدوءُ المخاتل؟ وتلك النظرات التي تتحوّل رويداً رويداً إلى نصال حادة تخترق جلستي غير الآمنة.. يؤرقها بالسؤال؟؟ تدفع بالتوقع بحدوث أي شيء مباغت في أي لحظة.. ماذا لو..؟

سطعت أمام عينَيَّ، كاكتشاف جديد، لوحةٌ زيتيّةٌ لعروس البحر، بملامح وجهها التي تماهت مع تلك التي تفصلني عنها المسافات، ويضنيني البحث عن جذورها!! ونصفها السفلي لسمكة غادرت مكانها المعتاد، لتعيش أهوال الأسطورة، كي تستقر نهايةً في جوف مقهى يكاد يكون منعزلاً عن العالم!!

اقترب النادل الشابّ مني فجأةً، لأهمس له، من بعد تردد، بالسؤال؛ عقب طلبي المتعجل للقهوة والنرجيلة؛ لتجيبني نظرته المتفحصة، وكلماته الشحيحة المتعجلة، وكأنما قد أعد الجواب من قبل السؤال:

- ''ربما لم يعد هنا من يعرف ما تريد أن تصل إليه..''

ثم في حِدّة:

ـ ''ولماذا تبحث عنه؟.. ماذا تريد أن تعرف؟..

ثم ولّاني ظهرَه، دون أن ينتظر جواباً، ولم يعُد بشيء!!

''ربما كان تاريخاً قديماً لا يملك حكاياتِه الباقون''.. همست لنفسي!!

عندما بادرت بالاقتراب من العجوز المنشغل خلف النصبة، تهاوى السؤال مني، وهبطت عليّ نظرة غائرة لكهل يعالج صلعته الموغلة بتمرير يده اليسرى عليها، ويمناه تتدلى منها مسبحته الطويلة، وهو يراوح بين النظر العميق منطوياً برقبته على صدره، وبين التيه في ركن بأعلى السقف، متجولاً بنظرات خاطفة نحو حائط تمتد عليه شبكة صيد بعقدها المتناثرة عبر نسيجها المتهالك، ليستقر تحديقه في كوب المشروب الأصفر الذي لا ينقطع تصاعد الأبخرة منه على المنضدة بجواره.. ولسان حال نظرته لي يقول: ''هل ستستطيع صبراً؟''

يداهمني هاجس جديد، فأضم حقيبتي الملازمة لي، التي كنت قد نسيت أني جلبتها معي، إلى صدري وأتحسس بناظري منفذ الخروج من المكان؛ فتبادرني نظرة الكهل بابتسامة واهنة، يهلّ على أثرها النادل من جوف المكان، بملامح ساخطة متبرمة.. تحاول عيناي التشبث به.. أتردد.. يلح عليّ خاطري بشدة، برغم توتري الذي ازداد، أن أحاول معاودة سؤاله؛ ينعقد لساني.. يمر من أمامي ملسوعاً، وكأنه لا يراني، متجهاً نحو الخارج.

تتلاشى كل رغباتي، في نفس اللحظة التي توجّهني فيها نظرات

الكهل نحو باب المقهى.. أبتعد بها عن مجال النظرات الحادة المتوجسة.

يهمس بداخلي صوت: "من وعى فقد عرف!"

أجدني أعاود ارتقاء الدرجات الثلاث الصاعدة، وأترك كل شيء خلفي، ولا يحتفظ وعيي منه إلا بقنديل صار ضوؤه شحيحاً، حتى تلاشى.. ورائحة البخور لا تغادر أنفي.

تمائم لوصل مراوغ

تتلاشى كل الأصوات إلا صوت حفيف أقدام قليلة تسعى منفلتة لتعبر الممر الضيق ما بين الدكاكين المغلقة، قبل انطلاقها في صباح يوم يبسط شمسه القائظة على الخارج، ولا يمنح منه داخل الممر إلا ضوءاً فضياً شحيحاً لا يكاد يُلحظ معه الفرق بين ورشة مغلقة وأخرى، تنطلق معها بقايا روائح الليالي الفائتة، مع رائحة رطوبة مختلطة بعطن.

عندما أشار الرجل القصير الجالس مقرفصاً على دكة بإحدى النواصي.. يحتسي كوب شايه الصباحي الغامق، لتحديد الممر.. التقطت أذناي حروفا تمتزج بازدراده رشفات الشاي، بصوت مندغم مع كدر بائت:

ـ لم يعد هنا من يفعل ذلك إلا.... (عارف).

استدار برقبته..

ـ هناك أمام محل المصوغات الكبير.. في جوف ممر بين لافتتين تحملان اسم "المختار"..!!"

أهلَّت على وجهي علامات سرور دفين، ورعشة دبت في أوصالي، لتتعجل خطواتي الوصول للمكان.. تخايلني أطياف للبهجة وأشواق غامضة، وأنا أتعلق بعينيّ بلافتات المحال المغلقة؛ كدليل على الممر المدفوس بين العمارات القديمة المتهالكة.

لعبق المكان شبه كبير بقبو آبق من زمن عتيق، ينتشر مثيله في ثنايا المكان، مختلطاً بعبق متغير.. رائحة خيوط، رائحة عطور، رائحة أقمشة جديدة، وروائح متعددة تميِّز كل مربع من مربعات المكان على حدة.. يوغل في صمت مراوغ، كهدأة قد يتبعها صخب مباغت في أي لحظة، وربما لغط قد يصم الآذان، ويعلق بها كاستغاثات بعيدة، وكدوامات من حركات مباغتة يكاد يزدحم بها المكان في ذروته.

هكذا استقرت ملامح المكان في وعيي منذ كنت آتي صغيراً مشمولاً بالرهبة، ومصحوباً بأيدٍ كبيرة كانت خطواتها القديمة تقودها كثيراً لقضاء حوائجها من محيط المكان. أتشمم من ذكرياتي معها كل تلك الروائح، وتلك المذاقات التي كانت تتعاقب على لساني، لتعقبها مذاقات أخرى للذكرى وأطياف أخرى لتقلبات الحياة، وتشبهات بأشياء تقترن بالوعي وتلتصق به.

- هنا يقبع عم "عارف".. عليك انتظاره إن لم تكن متعجلاً!

اقتحم صوتٌ أجشُّ خارجٌ من عتمة جانبية للممر، يسحب كرسيه، ليقتعده أمام باب ورشته الصغيرة، متمتماً ببعض الآيات، وأنا أتحقق من لافتة مائلة تتعلق بحبل مشجوب على قائم بجوار ورشة مغلقة، تتسرّب منها خشخشة مذياع وصوت ترتيل خافت:

ـ تستطيع أن تجلس هنا.. لحين يأتي..

صمت، حتى أتم ورده، دون أن ينظر لي، ثم أردف:

ـ هو بالمقهى الآن.. على الجانب الآخر من الشارع الرئيس!!

لوهج الشمس حين يزداد سطوعها على الرأس المفعم بأفكاره وأحلامه المؤجلة، وقع غريب.. يصطدم بالحيرة التي تنشأ على أعقاب رغبة قد تتحقق الآن، وقد يكون تحقيقها من المؤجَّلات؟.. وقد لا تتحقق أبداً!!.. ولحُبيبات العرق التي تنزُّ على الجبهة، حتى تغيم معها الرؤية، وتتغبش معها عدسات النظارة، أثر هابط بالروح.

"هل يتبخر هذا الحبور الطارئ بوجود مؤجَّل لهذا الـ(عارف) في مكان عمله، ويتعارض مع رغبة منه في استفتاح يومه باصطباحة المقهى المعتادة التي لا تكسر طقوسه، كي لا يتعكر صفوه في عمل ندر الآن من يمارسونه بأيديهم؟.. هل ارتهن الأمر بظهوره؟!!"

تشابه القرط الذي في أذن المرأة العابرة على الرصيف دونما تحديد لملامح وجهها، بنجمتي الزرقاء التي انتقيتها من بائع لأصداف البحر في صيفٍ فائتٍ، لتكون تميمةً أولى من تمائمي وتذكاراتي إليها.. أكسر بها طوق البعاد.. أحمِّلها دائماً جزءاً من روحي، ثم تغادر بها مع كل دورة من دورات السفر، تحيط بمعصم، أو بأحد الأصابع، أو تخفيها في خبيئة حتى حين.. وهي التي لم تقل لي يوماً: سلاماً.. كانت دوماً تُشبك زهرة في عروة سترتي، وتمضي بلا وداع.. لتتركني أعالج ذبولها، وأعاني شعوراً بالعراء، في صحراء لا تبالي بصراخ الآبقين على وجع الروح وجفاف الندى على جبين الأيام..

لم يهزمني الفتور، وناقوس ساعات تأخري عن عملي يدق في رأسي، يعمل على شعوري باضطرابٍ تُقابله رغبة لا تلين في استكمال ما أتيت من أجله، حتى لو... اكتنزت المساحات مرة أخرى بعد عبور الشارع، وضاقت مرة أخرى، لأطل على رقعة مربعة تتراص على جوانبها المحال، وينفتح سقفها للسماء لتغزوها أشعة الشمس بكامل وضوحها وقوتها.. يصدح فيها صوت أم كلثوم: "ياللي كان يشجيك أنيني"، مختلطاً بقعقعة أصوات متداخلة.. قادتني قدماي كي أكون أمامه، من بعد ممر صغير آخر، وإشارة من أحد الجالسين:

- ها هو.. الذي يلعب النرد بالداخل....!!

من بين دفَّتيْ طاولة النرد، والزهران يعتركان بين إبهامه وسبابته أكاد أسمع صراخ احتكاكهما، تفحصني بعينين واسعتين، وهو ينزع وجهه الستيني الرائق بجبهته العريضة اللامعة، وشعره البني الذاهب إلى الأصفر المختلط بالأبيض الناصع، وأنا أعالج بمنديلي ما تبقى من قطرات العرق على جبيني.

- اجلس...

ألقى بها، مشيراً إلى مقعد شاغر عن يساره، وهو يرمي بالزهرين في الطاولة.. تاهت نظراتي وذابت فيما بين خطوط الأبيض وخطوط الأسود التي اتخذت أشكالاً لم أرها من قبل برغم ممارستي للعبة منذ زمن بعيد، فكدت أنسى مرور الوقت، لولا الساعة المعلقة على الحائط الأصفر المتشبع بضوء المصباح النيون؛ فكنت أحاول إلصاق نظراتي بوجهه المتماهي مع الطاولة، دون جدوى تشعره بمرور الوقت وطول الانتظار، كلما انتهى دور من أدوارها الصغيرة التي تكمل في مجملها

المباراة، وكلماته النابزة لمنافسه الصامت، ونظراته المتخاطفة لثالث يشاركهما بالمراقبة بصمته وإشاراته ونظراته المتواترة إلى صفحة وجهي، وأنا في وحدة جديدة أعالج ما تبقّى من قلق.

"عندما يتمدد الوقت ويتلاشى في آن واحد، فإن اللحظة تكاد تكون عصيّةً على الإدراك والتفهُّم لما وراءها من غوامض، وطرق قد تبتعد بنا بقدر ما نحاول الاقتراب منها.. أو تقترب من محاذيرَ كنّا نخشاها أو لا نحسب حسابها".. هل نسيني الرجل؟.. هل تاه مني في غمار طاولته؟.. هل تماهى مع ضربات الحظ/ القدر التي يأتي بها تدافع الحَظَّيْن واصطدامهما واعتراكهما، لتكون فلسفته في الحياة؟.. هل تعمد إبقائي بجانبه حتى ينهي أدواره، الواحد تلو الآخر، لينظر هل سأستطيع الانتظار؟.. وهل ما أتيت من أجله يستحق كل هذا الانتظار؟.. هل يريد أن ينسيني ما أتيت من أجله؟.. أم أنه لا يريد أن يعمل، ويكتفي بجلسته معاقراً للنرد؟.. هل هذا ديدنه؟".

تعصف بي الاحتمالات وتنداح بي بعيداً، وإذ بعقربَي الوقت يصطدمان بعينيَّ، والرجل يصفق دفتي الطاولة ليختلط الأبيض بالأسود ويتماهيا في جوف مظلم؛ ليعيدني كي أنتظره في جوفه هو المظلم من حيث أتيت!!.. كي يغرق في ضوء أصفر شديد السطوع يكتنز في رقعة رخامية لا تتعدى مساحتها شبراً في شبر، تحجب رأسه والضوء قطعة خشبية مربعة، وهو يحفر رمزاً على ظهر لوح فضي غاية في الرهافة، مُوَشَّىً ظاهره بآية قرآنية، سوف يجاهد كي يُعلق بسلسلته، ليكون تميمة أخرى تحيط بالصدر.

وردة عابرة.. ومنضدة

تبرز الوردة القانية الجافة، منغرزة في مزهرية نحيلة تتوسط منضدة مستديرة على رصيف الفندق العتيق الطراز قبالة البحر.. تقتنص لونها الأبيض المائل إلى الصفرة من بهاء واجهة الفندق.. تحيط بها نفثات عطور مرتاديه الفخمة، العابرين بابه الدوَّار والخارجين منه في أناقة.

قبيل الشروع في اللقاء الأخير، كانت بالفعل بادرتني رياح التغيير، فآثرت أن أكون في نطاق جديد أكثرَ تحرراً وانعتاقاً، وثباتاً على تحمُّل ما قد يؤدي إلى سبل آمنة، ولا يعاود اجتراح الروح التي عانت كثيراً كي تظل في هذا المدار الجديد غير مأمون الجانب!!

ترددت خطواتي التي عاندت كل سبل التفكير والتراجع، لتسير مرة أخرى في هذا الاتجاه محفوفة بالحذر والوجل معاً.. تستجيب للدعوة المفاجئة، مهمومة بالفضول، ومرشوقة بأسهم العناد التي أدت إلى تلك الجفوات، ومن قبلها الفوضى العارمة التي عصفت بها لتقيمها من سبات عميق وكمون مستسلم، إلى نبض متردد تُكبِّل دقاته الجسد الذي كان تعوَّد الخمول والركون (مرة أخرى) من بعد

بدايات الاشتعال والانصهار والذوبان والتلاشي في مدارات الانطلاق والخفة.. ينفلت من حزام الجاذبية القريبة؛ لتضعه في هذا المدار البعيد، القريب من القلب، بل والمتغلغل فيه.

تتمايل الوردة بفعل هواء مشاكس.. ينحني غصنها الأخضر الغامق.. يتجه نحو الجانب الآخر فتتدلى وريقاتها ولا تتفرط، كأنما تستند إلى أناملَ خفيةٍ تحتويها.. تلملم شملها، ثم تتركها في حالة ثبات، كأنما تعيد إليها وعيها.. تشتبك حوافّ الوردة بطرف الفستان الحريري للفاتنة التي مرقت تتلفت من جوار المنضدة.. تجر سيل شعرها المتماوج بين البني والأصفر الذهبي ليزداد سطوعه في الضوء المتبقي من شمس الأصيل كالطيف السابح، لتتعلق بها للحظات ثم تتركها تعبر، ممتصة عبير عطرها الأثيري الأخاذ.

عندما طيّر الهواء رسالتها العاجلة، لم أتبين من حروفها سوى اسم المكان والموعد المضبوط على هيكل الساعة منذ زمن، ولكن هاتفاً خفيّاً همس في أذني بباقي الرسالة، وكأنّما كانت مختزنة في قاع ذاكرة لا تخون، أو موصولة بأطراف ممغنطة تجعل وصولها أمراً محتوماً، ووصلها إجباراً على تحقيق ثمرة انتظار، كنبوءة غيب أو استشراف.

تصر كل الشجون والذكريات المؤرقة على أن تتحوَّل إلى وشوشات تطوّحها الريح مع حفيف الروح القادرة، التي تظل في مداراتها وسكنها القديم، برغم البعاد والعناد ولعبة الزمن الذي لا يشيخ القلب ولا يحوله، فتمتزج دقائقها برائحة الشمس عندما تنضج رائحة البحر، وتصبغها بلون ورائحة مستقرة في القلب ومسارب

الروح ومجرى الدماء في العروق، وتعيد مراراً وتكراراً إشعال بهجة الاشتياق.

المنظر المتكرر يفرض طقوس الانشغال به، من نافذة الحافلة التي تمرّ على ذات المكان في ذات الأصيل، ألمح فيه ذاك الرصيف الذي لا تغيب منضدته بوردتها الوحيدة، ويلفه الصمت ممتزجاً بزقزقات العصافير المباغتة للحظات متفرقة متباعدة، تؤنس وتطرب، حين يلتئم شملها في حضن الشجرة الكثيفة التي تقطن الحديقة الفاصلة للمكان عن طريق كورنيش البحر.. لكن الخطوات التي تقطعها أقدامي إليها تتخذ وقعاً مغايراً يجعل كل الأصوات تتلاشى، وكأنها تأتي من حلم بعيد.

كل الحكايات المتناثرة والوشوشات وانحناءات الصدور المطوية على قصص تدغدغ الروح.. على أحجار سور البحر الآن، لا تشفي ظمأ جنون كان يتراقص يوماً في وهج تلك الشمس الرعناء الضَّحوك، الممتزجة بملح الحكاية وأنفاس العطر الأبدي، والتي تودِّع النهار الآن إلا قليلاً، حتى طلعة ليل تذوب فيه كل العبارات الأليفة والأنيقة سعادة وأبهة، وتنصهر في فم القلب الذي لا يدرك ساعتها فجراً من أصيل.. حلاوة لا تزهدها الروح، ولا تدعو عليها بالاختفاء ولا بالرحيل، حتى وإن اشتد عزم الفراق على قارعة صماء للطريق الطويل.

أن تكون الأشياء مخزناً للذكريات.. تتشبع بها، وتنضح، وتلقي بظلال قوية تخاطب العين والوجدان.. تتقاطع مع انشغالات الروح.. تنقض على تحولاتها، وتعتلي أسوار الدهشة المقرونة ببعض

69

العبارات التي تلتصق بالذهن وتعصف به كنبوءة قد تتحقق بغتة..
يتردد صدى الكلمات في الجوف الخاوي:

"لستَ ولياً حتى تقول لي أنني لن أستطيع معك صبراً، ولم أفقد بصيرتي حتى لا أتيقن من أن كل الطرق التي أتبعك فيها تؤدي إلى المستحيل".

تزداد الوردة إيغالاً في اللون القاني، مع ركونها مائلة على ذات الحال، يعكس إحساساً بقتامة اللون وتركيزه، وانكساراً يشمل القلب المشفوع دائماً برهبة السؤال.. يتبختر على أديم الروح فيجعل انقباضها أمراً محتمل الحدوث، بقدر الخفة التي تتعامل بها الوردة مع المنضدة الصمَّاء التي لا تبدي حراكاً ولا اهتزازاً برغم عدم ثباتها على الأرض!!

يغيب أثر الوردة من المخيِّلة، حين تعبر بها همسات عجوز البحر وهو يجتاز الشارع صباحاً متجهاً إلى مكانه العتيق على أحجار كورنيش البحر:

- "عندما يقف من حولك سدّاً منيعاً أمام طموحاتك، وأنت لا تستطيع اختراق هذا السد، فإنه ليس قدَراً!!"

تتئد الخطوات، تكتنز المسافة بينها وبين المنضدة الوحيدة التي ارتجّت بغتة بفعل هواء مباغت، وعاصفة من تراب.. تنتفض المزهرية، مُحدِثةً اصطداماً بزجاج تجويف المنضدة.. تتهاوى على الأرض قطعاً متناثرة، بينما تبقى الوردة وحيدةً متشبثة بغصنها الجاف، وحفنة الجبس التي كانت تربطها بالمزهرية، بينما تصارع

وريقاتها الهواء.. ليكمل عجوز البحر همسه، متبسماً، متقمصا دور شيخي الغائب مداعباً:

ـ ''ليس عيباً أن تتعلَّم درساً جديداً من (وردة عابرة)!!

أمْر!!

لمَّا أُمرتُ بالنوم العميق.. تناسيت لمستها غير الحانية، وجذبت غطاء وحدتي على حواسي المستنفرة، حتى إذا رأيت فيما يرى الغافلون، أنه كان يتوجب عليّ أن أكظم الغيظ، وأغضُّ الطرف عن أشياء وإجابات لأسئلة قد ظننت أن إخفاءها عني يسوؤني. وعن أحوال كان القلب يتقلب فيها بين كفَّيَّ، ويزدحم به قفصي الصدري، ثم يصَّاعد بي يملأ حنجرتي اختناقاً، وحلقي غصة، وعن أن ثمة خيالات وأشباحاً تعبث في كواليس المشهد الذي يسيطر عليه الغموض والتكتم والحذر على أشياء تبدو تافهة باهتة.

حتى إذا أفقت، تراءت لي أشياءٌ كثيرة مما حُجب عني، وتذكرت أنه (بناءً على أمر آخر كان قد وجه لي أكثر من مرة وضربت به عرض الحائط كثيراً)، قد توجب عليَّ أن أعود إلى حراسة القصر القديم بتاريخه، وأتعامى عما كان يحدث من مناوشات في أحوال «البناية الجديدة» التي كنت أقف على أعتابها في أول عهد حراستي لها عن بعد، أتحسس طريقي، وأعبِّد طرقاً أخرى كبدائلَ لتأمين مسيرتي إليها؛ فناوشتني أطراف من الحقيقة، التي كانت بعيدة عن تخيلاتي، وظلت تقصيني عن آمال وطموحات كانت سوف تقر بها

العين، وصارت الحقيقة تزحف (بنفس قوة الوهم الذي كان) على عقلي كحومان الفراشات مموهة الألوان.

حتى إذا ازدادت إفاقتي، رأيت بعينَيْ عقلي، ما لم أكن أستطيع رؤيته من أشياء كان بيني وبينها آلاف الحُجُب، فرأيت فيما يرى المستيقظ بعد حياة كحياة الكهوف، كل الأشباح قد تحولت إلى حقائق، والتماثيل إلى كائنات من دم ولحم، والأيقونات إلى علامات مُشِعَّة وأسهم؛ فلم أصدق عينيَّ اللتين ثبتتا على أشياء حقيقيَّة، بعدما كانت تتوزع نظراتهما على كل الاتجاهات دون تحديد.

أدركت حواسي التي استنفرت بغتة، وكأن آلاف الإبر تَخِزُني في رأسي، أن الأمر قد تخطّى مرحلة التنبيه والتخفيف، من قدر ما آلت إليه حالتي من اضطراب ذهني ووجداني، إلى مرحلة ما بعد التحذير شديد اللهجة لما بدا على هيئتي التي بدت متهالكة، فساعات نومي تلاشت تماماً ما بين نوبات حراستي الدورية للمكانين، التي كانت تتجاوز الأربع والعشرين ساعة، يحملها اليوم بين طرفيه ويتملكن أحشاءه، إلا من غفوات متقطعة لا تأتيني فيها إلا خيالات مناوشة وأضغاث أحلام خارجة من رحم أحلام يقظة؛ فصارت أحشاء أوقات استيقاظي خارج نطاق سيطرة اليوم؛ ما خلخل بوتقتي البشرية.. كاد يشرخها ويقسمها إلى قسمين متضادين، فلم يعد هناك بد من التوصل إلى صيغة جديدة لمناوبة فترات الحراسة أو تقليص ساعاتها لتجنب حدوث هلاوسَ واضطراباتٍ من أنواع أخرى قد لا أستطيع السيطرة عليها.

شعرت بحفيف رداء «شيخي» يخدش السكون من حولي، ولم تدركه عيناي اللتان دخلتا في صراع مع الألوان التي بدأت تتوالى

على مخيّلتي.. تتداخل.. تتباين.. تتقاطع.. تحدث صوت احتكاك داخلي كفلاشات وامضة.. ضجَّت ذاكرتي بالاسترجاع والتأرجح بين ما كنت أغمضت عليه عيني وما أتت به الذاكرة، والقفز فوق حاجز الزمن الذي صار هلامياً.

أمرتني (نظرتها) المطلة دائماً من شرفة بالبناية، بالصمت والابتعاد، والتوقف عن الثرثرة التي تراها ولا تسمعها؛ فحرَّضتني الذاكرة المتخمة بالعناد، كي أتجول فيها وأستدعي بعضاً مما اختزن بها؛ لتصطدم بلوحة فنّية كانت تعتلي أحد الجدران الداخلية لتلك البناية، لامرأة انشطرت لاثنتين: كل منهما تطل في اتجاه عكس الأخرى.. تحمل كل منهما ملامح متغايرة بنفس قسمات وجه يشوبه التوتر والقلق والنظرة المتباينة بين اللامبالاة والاهتمام لمدى ما تنظر كل منهما إليه.

لم يمهلني شيخي لحظة واحدة حين ترددت بداخلي رغبة في الحديث معه، والائتناس بكلماته، برغم ما انعقد بيني وبينه من جفوة قصيرة، أقطع بها سيل انهماكي؛ فغمغم الشيخ، على البعد، بكلمات لم أفهمها، وأشاح بوجهه عني تماماً.

تعملقت الصورة، وبدت حركتها المتحولة من وضع السكون والثبات مثاراً لدخولي حد الاندماج معها والسباحة في تيّارها، وتيّار هذه المرأة التي استأسدت (في أحد شقيها المنشطرين) بنظرة عينيها الحادّتين المركّزتين أحياناً، المرتبكتين أحياناً أخرى، كمن تغلق على نفسها محارّات القلق حين تفشل في التواؤم مع من يعيد لها أيام بهجتها، وريعان أنوثتها التي ربما كانت طافحة وزائدة حد

الألم.. يمزقها الألم الوجداني.. تحاول أن تعبره لتستعيد ما كان، فتبدو قسوتها وتشبهها بحزم الرجال قناعاً ملائماً لصد هجوم مباغت، تحمي به نوازعها الداخلية المتغيرة تجاه من يحاولون الدخول في دائرة التعامل معها!!

استغرقني تفكير ما بعد الإفاقة، حتى بلغ مني مبلغ الجنوح العاتي، والإرهاق الذهني الشديد؛ هرعت إلى كوب القهوة، الذي لم تنتظر سخونته الطارئة، فتبخرت لتترك قاعه بارداً متحجراً، وأنا أقاوم جيوش النمل التي زحفت على جفوني، وملأتهما كما جبال الرمال المتثاقلة.

أتوه (دون أمر جديد) في تفصيلة جديدة مما قد يراه الغائبون عن الوعي.. يتلاشى شق المرأة المستأسد من اللوحة، لتصير بكامل هيئتها في شرفتها بملامح وجه بريء مبتسم، في حين تحفني اللمسة الحانية ليد (شيخي) في هذه اللحظة الغائمة.. تهدهدني، يتجسد لي، وكأني أراه رأي العين.. تحتضنني نظراته المشعة باطمئنان غريب!! تتكشف لي مشاهد جديدة لم تبد لي من قبل، لداخل تلك البناية الذي تجلى لي كاملا، وكأني أتجول فيه للمرة الأولى!!

نفق أخير

تركت ماء المطر البارد يهطل على جرحي النازف.. تولتني رعشة، وجزع شدَّ عروق رقبتي مع انضغاط أضراسي ببعضها، لكنني تحاملت على روحي، وهي لا تزال تتكئ على روحها وتتشبث بها، حد الالتباس والتعاشق، وأنا أتلمّس بيدي الدرابزين الحديدي الساقط مع درجات السلم لأول جوف النفق.

اليومَ صباحاً، والشَّمْسُ تخرجُ من مكامِنها البَعيدةِ، كُنتُ أتهيأُ كي أجيئكِ بطموح العَاشقين الَّذينَ يُزاوجون بينَ أحلامهم ورفيف أجنحة وجودهم على أرض واقع صلب يحلمون أن يقتحموا غشاوته وجلافته بوهج شمس حقائقهم المشروعة المؤجلة.

كل الأنفاق التي مررتُ بها على الكورنيش، كان يغطّي جوفَها المبلط ارتفاعات من مياه الأمطار التي تمادت في الهطول، ولم تلتقط أنفاسها سوى لحظات، وأغرقت نهري طريق الكورنيش، وسدت المنافذ إليه، لتلتمع مساحاتها الهائلة المتجمعة، عاكِسةً الإضاءة الخافتة لكشّافات الطريق التي أعلنت حضوراً باكراً في ليل هبط

سريعاً مغلّفاً بالبرودة والصقيع اللذَين خلّفهما المطر والرياح، فخلا الطريق من أثر للعابرين.

اليومُ.. كسابقيه.. كنتُ أتهيأ لكِ حاملاً مفتاحاً سحرياً، وناقوساً فضيّاً تصلصل دقاته كي تقيم قلبكِ وروحكِ من سباتهما العميق، كي تريْ هذه الشّمس المنبعثة من الأعماق أملاً تؤكد الأيام برغم مرورها المرير، على أحقيته برجم كل ما فات من يأس وانغمار في مياه حياة كانت بحيرة آسنة غطّاها الملح، قبل أن يكتب لنا اللقاء.

هرعت أتنقل بين فتحات الأنفاق.. تتحاشى قدماي بعض تجمعات المياه، وتسقط في أخرى، وأنا أتخيّر نفقاً جافّاً لم يتسرب إليه ماء المطر، فيما هاتفي الجوّال يتنقل بين يدي المرتعشة وجيبي في محاولات للاتصال بها، حتى لا تلج ـحين وصولها من الجانب الآخر المتاخم لسور البحر ـ نفقاً قد يمنعها من الوصول إليّ سالمةً، أو قد لا أستطيع أن أجتازه إليها، كي أقودها ـوربما أحملهاـ عائداً بها إلى حيث بدأت أترقبها وأنتظرها لأؤمّن لها مكاناً جيداً للقاء.

اليومَ.. كنتُ أتهيأُ لكِ، كما لم أتهيأ من قبل، كي أكشط من فوق سطحها طعم المرارة والملح، كي تلاقينا بالغد المأمول عذوبة مائها حينما تتحرك فيها تيارات متجددة لنا بالحياة؛ كي يتغيّر طعم العالم، ويبرأ الجرح.

كان صوتها ـالحاضر دوماً في أذنيـ بعيداً، لا أستطيع تجميع ذراته التي ربما أسرها الصقيع، وكان الجرح مازال ينزف في مسارب ذاتي.. يضغط على أوتار في داخلي، ولم يتجمد نزفه بالصقيع ولا بالمطر المنهمر، بينما ظل شعوري بوهج حارق يلهب

بدني يدفعني دفعاً نحو المُضيّ -متجاهلاً كل شيء- في خوض تجمعات المياه.

تلاشى شعوري بالألم حين استجاب هاتفُها لرنين هاتفي، ووصلتني من خلال نقرات المطر على زجاج حافلة -كانت تستقلها- كلماتٌ متناثرةٌ.. تتباعد.. تختلط بصدىً وصمت متقطع، ولهفة تجتاز مساحات الصدر.. تعربد فيها؛ فتشيع في البدن حركة للأمام والخلف، ولليمين والشمال، وانكماش على شعور طاغٍ تكتمل به لذة التأرجح بين الوصول والعودة إلى نقطة الثبات.. حتى إذا انقطع الهاتف عن بث ترددّاته، عاد يجرني معه في دهاليز حيرة جديدة يعلو فيها صوت الألم نباحاً لا يتوقف، وتتجسد نقاط من دم باهت، لم تكن تراها عيناي المغبشتان.. يغيب الصوت تماماً، بعد أن كان يعربد صداه في مساحات الصمت التي تتلاعب بها رياح تسبق هطول المطر..

اليوم.. كنتُ أتهيأُ لكِ، كما لا تتهيئين لي، وتتركينني على قارعة الانتظار المرير دوماً، لتنسرب من العمر ساعاتٌ مشتهاة.. دقائقها ذهبية، وثوانيها فصوص ألماسٍ ترصِّع دقات القلب حينما تدب فيه حياة حقيقية لنا معاً، تشهد على عمر حقيقي يحسب ببقائنا فيه متجاورين على طاولة النشوة والدهشة وغيبوبة وجودنا بانفصالنا عن العالم.

قبل أن أدرك نفقاً أخيراً، قررت التخلي بعده عن فكرة اللحاق بها، بوغت هاتفي برنّات تغتال الصمت.. تحرك الكامن مرة أخرى.. تنشط خلايا القلب؛ فيتوارى الإحساس بالجرح الكامن، ويختفي أثر الدماء.. تتملكني غبطة تزيح تعب الركض.. يصلني الصوت سلساً

رائقاً، يتضمخ عطراً شبيهاً برائحة اختلاط الرياحين بالمطر، حين تعلن اقتراب حلولها من مكان النفق الذي أنا على أعتابه.

أخوض في فضاء النفق -الذي لم يكن جافاً تماماً- وحدي.. ترن في أذني كلماتها الهامسة الواعدة.. يتحرّر شِقّي الأيسرُ ممّا ألمَّ به.. أتلمّس ضوءاً يبدأ في الارتعاش ثم يسطع تدريجياً.. يزداد توغله نحوي.. يدفعني شغفي إلى الوصول إلى الطرف الآخر قبل أن تصل إليه أقدامها.. تصاحبني روحها القادرة على تحويل مسارات الأشياء في نفسي.

أسرع أكثر.. يزداد انتشار الضوء المنبعث نحوي.. تتجسد أمامي.. تتوقف للحظة دون أي تعبيرات على وجهها.. لا أستطيع أن أثبت عيني في عينها.. يعود الضوء للارتعاش.. تسبقها خطواتها ماضية في عكس اتجاهي، وعيناها ملتفتتان نحوي، تحاولان التشبث بنظرة هاربة، كالمنوَّمة، لكنها تغرق فجأة في ظلام جديد للنفق، وكأنما صار بيننا خط فاصل بين ظلمتها وضوئي.

اليوم.. هِئتُ لكِ.. لتتركيني دائماً على قارعة القلب والروح وحدي، في انتظار من لا يريد أن يجيء، وإنْ تهيأت له دائماً وحده..

أكمل طريقي صاعداً درجات سلم مماثلة، يناوشني الألم.. ثم خارجاً من باب النفق نحو باب البحر المفتوح الملاصق؛ ليحتويني ظلٌّ رحيمٌ لشيخي -الذي غاب عني منذ فترة- وتغتسل روحي في غمار هبات الموج المختلط بالمطر.

العرَّافة

عندما تصر كل الشجون والذكريات المؤرقة، على أن تتحوَّل إلى وشوشات تطوِّحها الريح، مع حفيف الروح القادرة التي تظل في مداراتها وسكنها القديم، برغم البعاد والعناد ولعبة الزمن الذي لا يشيخ القلب ولا يحوِّله، فتمتزج دقائقها برائحة الشمس تنضج رائحة البحر، وتصبغها بلون ورائحة مستقرة في القلب ومسارب الروح ومجرى الدماء في العروق.. تتحالف مع ليل تعود فيه كل موجات الحنين للتجلي، فتؤرق العين المجهدة، فيصاحبها السهاد، في انتظار شمس تفتقد، منذ زمن، أشعتها الذهبية التي كانت توقظ الروح قبل البدن.. وتدور دورات الحنين في فلك لا يغيب!!

ضحكت العرَّافة؛ فاحتشد السكون بضحكتها المدوِّيَة، وافترشت فضاءً غير محدود.. همست لي:

''ها.. البحر لك.. يكفيك أن يكون لك بامتداده، وبياض أمواجه وزبده، ونصاعة روعته، وهمسه الحاني.. بساطاً غير أي بساط.. تُوغِل روحك في محاراته بحثاً حثيثاً عن لآلئه ونفائس جواهره.. ولك منّي إشارات تأتيك على البعد عبر أعاصيره وطوفاناته وأمواج

ليله، وجنون أمواجه المتلألئة تحت أشعة شمسه، لتقلب دائماً جمر الحكاية على نار تشتعل كلما زاد الجفاء والبعاد، وكلما تردد الرجاء في جنبات القلب.. وازداد الشغف لأطراف منها لم يكن قد أصابها الدور كي تُحكى وتفض بعضاً من مغاليق الحيرة.. تأتيك ومضاتي كي تستعيدك من دوامَات تأخذك بعيداً تعيد بها ترتيب أوراقك من بعد ما عبثت بها الرياح وطيرتها، ليفيض القلب دوماً بحنين الروح إلى الروح، وإن جفت".

تململت نظراتي وهي تتوجه هاربةً أو ممتثلةً، لتلتصق قسراً بعروس البحر المتلألئ بياضُ جسدها الأسطوري المُستوحِش والمُستوحَش، الفارد هيمنتها من جهة، أو ضعفها من جهة أخرى، وهي تصارع وحشاً أسطورياً يحاول التهامها.. ينالها ولا ينالها، يمتص رحيقها، وتستحلب قوة جسده المتشعب فيها.. يطلق منها لذة أو صرخة مدوية تفترس ملامح الوجه من جهة، ولا تفترسه من جهة أخرى، ليزيد المشهد التباساً، في حين تحتجب الساحة عن البحر بأسوار وأشجار وعلاقات في خفايا دغل صغير مختفٍ.

واصلت الهمس:

"هل ما زلتَ مُصرّاً على اختراق هذا السر الكامن في الوجه، أو الدغل الغاطس في عمق السور الحاجب للبحر، والرايات البعيدة المنذرة بخطر محدق؟.. هل ما زلت تراني وأنا أقلب محاراتي، أوَشْوشها لتخرج منها في كل مرة هذه الجنّيّة الممسوسة بالعشق، والمحمّلة بمشاعرَ لا يمكن أن تتبين منها الحقيقة أو السبيل إلى فك مغاليق العبارات التي تأتيك ولا تأتيك.. تقتحمك أو تفشل في اقتحام

عالمك المكتظ بالصور والحكايات والخيالات المشبعة بالخوف والقلق؟ هل مازلت محتفظاً ببعض السر الذي باح لك به الودع من بين يديَّ، ومن أكمامي التي خرجَتْ منها حيّة أخافتك وأرعبتك ثم روّضتُها لك لتلتف على عنقك كرابطة عنق أنيقة صرت لا تستغني عنها في كل لقاء تخرج فيه على العالم كي يشاهدك عبر أثيره المحدود أو اللا محدود؟.. أم بحت بالسر لأحد المقربين إليك فأفتى لك وأرغى وأزبد؟ وما نالك منه إلا أنك أفشيت جزءاً من السر فأفسدته كاملاً.. تراك إن فعلت هذا فقد حللت جزءاً من شيفرة الحالة/ الانتكاسة التي أصابتك، وأرجعت ما كان بيننا إلى ما قبل الصفر؟

صار من قبيل العبث، الهروب من أسر العروس التي بانت لها في وعيي عروق تسري بها الدماء.. تندفع.. تندفع.. تفور، وتنفعل.. تمارس حياة كاملة في أحضان الوحش الذي تخلى عن تحجُّره ليتوغل فيها صعوداً وهبوطاً، حتى كدته اشتبك فيها بأنسجته، وبات سماع صوت تمزق الأنسجة وهي تتعشق في الأنسجة أمراً لا يقبل الشك، ولا يقبل أو يقبل السكوت على هذه القداسة التي تحوَّلت إلى فعل حياتي مشروع، وغير مشروع.

اقترب همسها مدبباً أسنان إبرها الواخزة في أذني ورقبتي وروحي:

"هل مازال يتحرك فيك هذا الشعور الذي يقلبك رأساً على عقب.. يحرك فيك نزعة الهروب من واقع تنشد تغييره، أو إثبات العكس أنه ملائم لك حتى تعود إلى حالة الاسترخاء والاستسلام والتلذذ بالحلم الجميل الذي إن سلمك مفاتيحه نسيت الحقيقة المنشودة والغاية

الممسوسة بمعرفة المزيد والمزيد من الأسرار وهرعت تنشد طقوساً لعشق لا توقفه حدود، ولا يتحقق من غايته إلا النزر اليسير، ويترك لك/ لنا مزيداً من الأسى على لحظات لم تكتمل نشوتها، أو أخرى تحققت ولم يتسن لها الاكتمال باستمرار معاند.

هززت رأسي متمتماً، معانياً من صداع بدأ يشق الرأس.. يضرب العين اليمنى التي تواجه أشعة الشمس بأسنّتها الحادة.. تثْقبها.. تجعل من التواري أو المشي أمراً لازماً وواجباً، حدَّ الشعور بالعجز والـ... تعاود الهمس كالفحيح.. يختلط همسها بوشوشات البحر، يندمج بحبيبات رمال ناعمة تغشى العين وتصفر بالأذن، وتنطلق رائحة الأعشاب البحرية تخترق الأنف مع اليود الذي يعيد كل شيء إلى بكارة وجوده:

"أنت لا تعلم منذ متى خرجت هذه العروس من محارتها ـمهما أفشيت أو كشفت لك من بعض أسرارـ كي تستقر للعيان وهي يستقبلها الوحش يسيطر عليها كما يسيطر على الجميلة في حكايات الصغار والكبار وأفلام الرسوم المتحركة (الأنيميشن).. لكنه هنا وحش لا يمكن التخلص منه.. هل فكر (أحد) يوماً في تخليص الأميرة من الوحش، وأنت تعلم أنه يمتصها، وهي تستحلبه بالقدر الذي يتيسر لها، ليتحقق لها بعض الوجود ولو على هذه الرشفات التي يرتوي بها جسدها بماء الحياة، لتقتات عليها وسط رياح الشتاء الباردة وأشعة الشمس الحارقة التي تخترق الجسد فتجففه كما تجفف الروح، لتقف روحها متحجرة على مذبح وجود لا يمكنها من فعل أي شيء إيجابي يكفل لروحها الكرامة.

امتزجت ضحكة العرَّافة بسخرية مريرة.. تلوَّن وجهها الأثيري؛ لتوغل قمحيته في لون الحياة.. اضطربت.. خفتت رنتها.. لملمت صرتها.. أقفلت أزرار أكمامها.. التفتت بوجهها نحو أفق التقاء البحر بالسماء المحلقة فيه أشباح نوارس بيضاء مسافرة، وأشرعت جناحي صوتها نحو اللامحدود.. توقف الهمس عني.. دارت عيناي دورة.. دورتين حول العروس التي هربت ـفي وعيي- منها الدماء.. فارقت المشهد متلفتاً حولي وخلفي ممتطياً صهوة خطواتي التي انفكت رويداً رويداً.. قاربت السور الواطئ للبحر.. ليتجلى مشهد جديد لصخرة بيضاء تشبه المحارة المغلقة.. تبرز لتتحلق حولها مويجات صغيرة وتصطدم بها موجات قادمة.. تغطيها بزبدها ليتباين وجودها بين الظهور والاختفاء!!

خيوط واهية.. قادرة على الجذب

تخترق خيوط ضوء النهار، خصاص النافذة بتكاسل.. تتخبط بأجفاني المصرة على انغلاقها، غير عابئة بها، وهي المنتظرة لطلوع النهار في ذات الوقت، تحاول زحزحة جسمي المخدر من التصاقه الممض بالفراش.. تجلجل بصليل أجراس خفية تنبئ عن اقتراب أو الدخول في الميعاد، وداخلي متعلق بالساعة القديمة المعلقة على الحائط بلا عقارب.

يضغط عليّ حسي.. يتداخل فيّ قلبي أكثر.. ينضغط معه جسمي ويتثاقل على الفراش.. ينغرز فيه، ويلملم أجزاءه بقوة عجيبة.. تتداخل.. تلتمس احتواءً، ربما من أثر أرق ممتد، وربما استكمالاً لغفوة المتعب من الركض والصعود والهبوط، وهو مكبل في ذات الوقت، وكأنني ما زلت في أحضان حلم يُغرقني دائماً في لُجة عرقي، وأنا حائرة لا أستطيع المضي ولا الالتفات لأرى ما يدور حولي، ولا الذي يرافقني ظله ـحتى في حلميـ يمد لي يده، ولا أستطيع إدراكها.. فقط أشعر به دون أن أراه.

لا يزال الحلم دائراً، حتى وأنا في كامل يقظتي المستترة حتى على

نفسي، ولا أزال مغمضة العينين قابضة على تفاصيله، وكأن ساعة الحائط نبتت لها عقارب تطاردني كي أنسلخ عن فراشي وتململي وأنتفض.. تضيق فتحة صدري.. تخنقني؛ برغم اتساعها على رقبتي التي ينزّ عرقها ويهبط بين مفرق صدري برغم الجو الماطر في الخارج، وأنا قابضة على رقبتي وقد نفضت عن جسمي الغطاء.. أتمثل وضع الجنين في بطن أمه.

تحوطني أنفاس أمي التي أشتهيها تعود كي تكون برداً وسلاماً يحيل اشتعال أشياء مبهمة تتحرك في روحي وجسمي إلى أمان افتقدته مرات ومرات، منها مرة منذ رحلتْ، وأخرى منذ فارقتها وأنا صغيرة ومضيت مع أبي في ترحال طويل أكسبني مهارة العيش في أي مكان وفي أي طقس وتحت أي ظرف، وثالثة حين سلَّمتني لمن أغرقني في بحار الغربة دون تردد ولا خوف، ومضيت معه بكل اندفاع أواري به سوءة خوفي.. أشعر براحتها النادمة تحاول الاقتراب مني لتمسدني فلا تجرؤ، وكأنما أبعدها شيء، ثم تبتعد عني أنفاسها.

فقط أمد يدي في الفراغ كي أحاول إدراك أيدٍ أخرى.. تغادرني بعد ما تطوف حولي كي تقتنص مني شيئاً، ثم تتسارع خطواتها في اتجاهات لا يستطيع بصري الوصول إليها.

أتشرنق أكثر على جسدي.. يأتيني طيفه مبتسماً حانياً برغم ما سببتُه له من خراب، لكنه كمن يخشى الاقتراب مني برغم وله.. أجده يقترب بروحه وأنفاسه لكنني أشعر أنه بعيد عني؛ ربما وصله إحساس من أحوالي بأني برغم التصاقه بي، بعيدة عنه.. أراه منتظراً

يقلِّب في جحيم أفكاره، وفي ساعة إحساسه بي التي لا تتوقف.. لكن أين.. لا أدري.. وإلى متى.. لا أدري؟

تغادرني سمات الوقت وملامحه.. أتداخل في نفسي أكثر.. أشعر أن المسافات تتداخل بيننا.. تنشَدُّ معها الخيوطُ الواصلة بيننا حتى ترق تماماً وتوشك على... أراه ممسكاً بطرف الخيط من بعيد قابضاً عليه كقبضه على جمر انتظاره، وكقبضي على أشلاء حيرتي التي كلما سعيت كي أبددها، سعت هي في اتجاهي مغلقة عليَّ الثقوب التي قد أرى منها النور، وأنا أجري في الاتجاه الآخر من الخيط أشده بعنف، كمن تجرفه الرياح في اتجاه هوة سحيقة لا أدري إن كنت أستطيع النجاة منها.. أراه يقترب.. يرخي طرف الخيط من جانبه، لكن الخيط كلما طالت المسافة واشتد الجذب كلما اشتد وهنه، والغريب أنه لم ينقطع بعد!!

صوت أبي يتنحنح.. يتقاطع مع أصوات محاربتي التي ضاقت عليّ وعلى ما يصارعني فيها، كما يقطع صمت البيت باحتكاكات قدميه، وسعاله المتواصل لا يزال يجرح صدره الذي حملناه معنا ـأنا وأخي الأصغر مني المنعزل الآن في حجرته مع زوجته وأولاده يغط في شخيره ـ عائدين من المشفى في ساعة متأخرة من ليلة الأمس العاصفة، بعد نوبة من نوباته المتكررة منذ ركونه للعزلة في هذا البيت الذي لا يعلو فيه صوت إلا في حالات وجودي القسري والاضطراري فيه، في هدأة من هدآت ترحالي الذي لم ولن يتوقف، وصار عقيدة حياتي التي تسري في دمي بالرغم من كل شيء.

لعله الميعاد المنتظر الأخير، والمناسب كي يمكنني أن أنبهه فيه

أن الخيوط التي بيننا قد شارفت على الانقطاع ـبرغم عدم يقيني من ذلكـ لأن مدى السفر طويل، والترحال لا يريد أن يضع بي على جزيرة ربما ضمتنا معاً، أو ربما الميعاد لم يأت بعد، والأمور لا تريد أن تتجه في اتجاه الحسم.

أراه متململاً يقضم أظافر قلقه المعهود، في مكان ربما نسيت تحديده أو تناسيته ـربماـ إلَّا أن رنة هاتف، يتولاه الصمم والخرس حتى هذه اللحظة، قد تعطي الفرصة للتعرف عليه من جديد، وربما لحقت به.

هكذا أنبتتني الظروف في كل الأحوال التي لن تتوقف عندها الحياة.. ربما لحق بها عطب، لكنها من المؤكد سوف تستمر، فهي محطات للسفر والوصول ثم الترحال، ثم اللقاء أو اللا لقاء من جديد.

لا أشعر بجسدي يؤلمني.. ربما لم أنتبه لذلك، لكن ما يربطني بالفراش الآن ـوليس دائماًـ من الممكن أن يكون قادراً على انجذابي وبقائي لمدة (سوف تنتهي بالتأكيد) مرتبطة بالفراش قدر ارتباطي بحالة الانتظار التي تشعل يقين من ينتظر الآن بشغف المريد، وربما بشغف العاشق الذي لا يرى أن هناك مستحيلاً، ويقترب بدأب الناسك والمدافع عن وجوده، ويظل مصراً على الإبقاء على كل الخيوط، وينحني كي لا تنقطع برغم علمه أنها صارت أوهن مما كان يعتقد في أسوأ حالات يأسه، لكن ما يدهشني أن خيوطه الواهنة ما زالت ـهي أيضاًـ قادرة على الجذب!!

يمامة الروح

هي اليمامة التي تصافح قلبي كل يوم سراً، وتجتاز المدى لتصافح قلبك وتبلغه من قلبي السلام.. السلام الذي افتقدناه معاً منذ انصعنا لغطرسة كاذبة للقلب، وتطور مزعج للروح التي أبت أن تحافظ على اشتعالها وتوقد نارها لتستمر ناراً مقدسة وقبلة لمن كان له قلب أو ألقى سمعاً رهيفاً ليشهد به على معجزات وخوارق كانت للروح مع الروح.

هي اليمامة التي تحنو وتربت وتجبر خاطراً لا يرضيه كل ما علق من ماديات وحدود كاذبة لحضور كاذب لكل الموجودات، في غيبة روح كانت تتعلق بالروح بحبل سري لا يراه العالم، ولكنه يترجم إلى إحساس أسطوري بأن العالم ما هو إلا المسافة الفاصلة بين الروحين، وهما متداخلتان حد الذوبان والانصهار والتكتل الذي يستحيل فصله.

هي اليمامة التي لا ترضى الانفصال والبكاء بين يدي بياض العيون الذي غشيها، وجعلها لا ترى إلا ما يملى عليها من عقل بغيض مطرود من رحمة العشق ومسربل بالعناد والكبرياء الكاذب الذي ينكر على من منح ما منحه وبذله من دماء أريقت على جدار الليل وطرقات النهار، وزحف الأقدام نحو معابرَ مغلقةٍ دائماً ومعلقة عليها

أقفال التغييب والموات القسري، لنفوس ما زالت ترعى وتسعى داخل أبدان حملت يأسها وطوت عليه غربتها وارتحلت بلا ضمير للقلب ولا ما ترسّب في الروح واستقر بقاعها.

هي اليمامة التي لا تزال تحمل ولاء الوفاء والولاء، وجسارة الأمانة التي هربت منها الروح مختبئة داخل جسد داخل بحار داخل جبال وخلف صوامعَ من الخوف والتردد، واعتصمت بجبال أخرى من جلمود صخر عنيد، وهي اليمامة التي تكسر أطواق الغرور، وأغلال الكبرياء لتمهر الروح بصك التوبة وعبق أنفاس الصب التي تعيد للروح وعيها كي تسترد وعياً للتأويل واندياح الغامض الذي لم يكن غامضاً، والموصول الذي لم يكن موصولاً من غير وصل ظاهر، وما تتناقل أثيراً وخرقاً لكل قوانين الوجود المادي.

هي اليمامة، ولا حرج إن ألقت رسائلها ومضت عند أبواب مغلقة ونوافذَ فقدت قدرتها على إطلاق عصافير الروح، التي فقدت نطقاً كان بوحاً بغير بوح، وكان نبضاً بغير عروق مرئية ولا أبدان متجسدة، وهي التي تطلّ عليكِ كل لحظة وأنت في غيبوبتك لا تدرين، وهي الطويّة السليمة التي جحدتها روحك، كما جحدت عيناك كل ما نزفته الروح وسال على البدن دماؤه وماء حياته ونبض وريده الذي يهرب مع تلك اليمامة دوماً إليكِ، برغم هالات الوجود المحيطة والتي لا تعترف بها الروح.. فهل مست تلك اليمامة يوما شغاف قلبك ومَدارات روحك وهي تلقي إليك مني السلام؟

بداياتٌ تشتعلُ من جديد

في البِدء.. كنت أظنه بدايات لألم الانسحاب لمن ذاق مرارة الاعتياد، وعرف، ثم تجرأ على محاولات الخروج منه؛ أملاً في شفاء قد يجيء مع الصبر والتحمل وتجشم الصعاب هرباً من نبع كان يُسْري خدره في الأوصال.. يقتلع الروح من مكامنها بالجسد.. يُعرّج بها في مدارات لا تُحتمل خفتها ولا حبورها الزائد عن حد الدهشة المتأبية على مساءلة الروح:

إلى أين المسير؟!! وهل من حل؟ هل هناك مشروب سحري يزيل الألم ويعيد الاتزان بمجرد ارتشاف أول رشفة منه ساخناً، فيقصي الصداع المزمن ويعدل المزاج المعتل؟!! ويحلق بك بعيداً في أروقة الحياة، بعيداً عن صخب داخلك كل صباح.

لم يكن بدءاً؛ بل كان بَدء انتهاء من حالة سُكْرٍ بَيِّن كانت تسكن أعطاف القلب.. يحيل نبضه الهادئ إلى ثورة تجتاح الكيان.. يضطرب معها إيقاع الوجود.. تتحول الكائنات شديدة الرهافة المرتبطة بالروح إلى نسمات تعانق الرياح.. تحول الجمادات إلى كيانات أرهف يمتد فيها الحس.. تبعث فيها الروح.. تتمطى في أردية من حرير ونور..

ويختلف شكل العالم.. تجعل الصيف ربيعاً حقيقياً، والشتاء جنة لمطر يُنبتُ للوجود أجنحة.. تحرك المكامن.. تُطلق عصافير الروح والقلب معاً كي يجسدا سيمفونية للغياب في الحلم الموشَّى بالأمل الغارق في مخملية ليل لا ينتهي.

ربما راودتك تلك الخاطرة، وأنت ترتشف أول رشفة من كوب الشاي الاستثنائي، الذي غالباً ما تلجأ إليه عقب بَلْعك لأول كوب قهوة صباحي، طالما اعتقدت أنها تُسكن آلام الصحو المعتادة، مقترنة بأدخنة صباحية مزعجة ـغير استثنائيةـ تدنيك من دوائر الحيرة والشرود أكثر مما تأخذك منها، وتجعل أفكارك مشدودة بلجام مع تلك التي تراودك في مساحات ليل فكري عاصف، وسهاد مضن وأرق مزمن، لا يشفع معه تعب الجسد المنهك من فعاليات نهارات ممتدة.. ما يضغط ربما ليقتل مكامن الشعور بالألم، فتظل مغيبا بفعل التخدير.

لا.. لم يكن انتهاءً.. كان بدايات تشتعل من جديد.. تورق في أغصان الشجرة ـالتي كانت عجفاءَـ أوراقاً متجددة تحل محل ما ذبل واحترق وما ذرته الريح وما ضاع هباءً، وما ظن الفؤاد العليل أنه غادر كي يأتيه شفاء ـعاجلاً كان أم آجلاًـ يعصف بأحوال الرائي، الذي يفقد ساعتها قدرته على التبصر والتدبر، ويغيب عنه الخيال، وربما غابت الحكمة، وعافته الإجابات المخلِّصة، وعجزت عن مجاراة الأسئلة التي ربما فقدت معانيها، وغاصت في أعماق الحيرة ودهاليزها.. يرتحل في اللاوعي.. يهيم في أشياء صارت سِفراً من أسفار التذكار والشغب المتربص في كل الزوايا.. تلوذ إليه الأفكار والتخيُّلات والاستفهامات.. تبدو الطرق كلها تؤدي إلى ذات النبع،

وذات الخدر السادر في صميم الأوردة.. يتراكم على حجرات القلب.. يجمدها بتنميلة توسع مدى تأثيرها.. تفترش القلب، في انتظار اكتمال دورة من دورات الانسحاب.

المحتويات

20
Unidades

Leandra Camilli

He
OWNS ME

DARK HUCOW BDSM